Irmgard Schwoshuber

Unterrichtssequenzen Kunsterziehung

Kreative Konzepte im integrativen Kunstunterricht

Jahrgangsstufen 5/6

Ⱥ Auer Verlag GmbH

Gedruckt auf umweltbewusst gefertigtem, chlorfrei gebleichtem
und alterungsbeständigem Papier.

1. Auflage. 2002
© by Auer Verlag GmbH, Donauwörth
Alle Rechte vorbehalten
Umschlaggestaltung: Josef Kinzelmann, Asbach-Bäumenheim
Gesamtherstellung: Ludwig Auer GmbH, Donauwörth
ISBN 3-403-02957-3

Inhalt

B Unterrichtssequenzen Kunsterziehung – Klasse 6

Vorwort

Im Kunstunterricht wird mit vielen „(Farb-)Paletten" gearbeitet. Aus der Palette der Lernbereiche: Bildnerische Praxis, Kunstbetrachtung, Gestaltete Umwelt, Visuelle Medien und Darstellendes Spiel werden in diesem Band Unterrichtssequenzen angeboten, die dem Lehrer wie dem Schüler kreativen Freiraum in der Planung und der praktischen Arbeit zulassen.

Die unbegrenzte Fülle der Möglichkeiten, die diese „Farbpalette" hervorzuzaubern vermag, kann darin nur angedeutet werden. Die dargestellten Unterrichtseinheiten bieten einen Raum für die bildnerische Arbeit mit Schülern der 5. und 6. Jahrgangsstufe, die aber damit nicht eingeengt werden soll. Allerdings stellt der Rahmen auch immer einen Halt für ein Bild dar. So gesehen hilft er bei der Arbeit.

Die große Palette der Materialien und Werkzeuge soll das bildnerische und handwerkliche Repertoire der Schüler bereichern. Das Erkunden und Erproben von vielfältigen Farben und Werkstoffen spielt im Kunstunterricht daher eine wichtige Rolle.

Aus der Vielfalt der Palette der methodischen und didaktischen Möglichkeiten des Faches Kunsterziehung sollen hier unterschiedliche Wege aufgezeigt werden. Der zeitliche Rahmen der einzelnen Unterrichtseinheiten ist nicht festgelegt, da er stark von den organisatorischen, räumlichen und personellen Gegebenheiten abhängt.

Irmgard Schwoshuber

A Unterrichtssequenzen Kunsterziehung – Klasse 5

1. Die Steinzeit – ein Projekt *(Malerei/Plastik)*

Lernziel: Begegnung mit frühen Kulturen – Entdecker und Ausgräber

Vorbemerkungen

Diese Sequenz kann im Rahmen eines fächerübergreifenden Projekts im GSE-, Deutsch-, WTB- oder Kunsterziehungsunterricht durchgeführt werden. Mit dem Begriff „Projekt" ist in diesem Band immer projektorientiertes Arbeiten gemeint. Die Schüler werden in der 5. und 6. Jahrgangsstufe schrittweise in diese Methode eingeführt.

Der künstlerisch-handwerkliche Teil dieses Vorhabens wird nach der Gesamtübersicht in einzelnen Unterrichtseinheiten dargestellt, da nicht immer die Zusammenarbeit mit allen Fächern möglich ist.

Das Thema **Steinzeit** hat eine fast magische Wirkung auf die Schüler der 5. Jahrgangsstufe. Sie tauchen in den Projekttagen mit großer Begeisterung in diese Geschichtsepoche ein. Das rechtfertigt auch den doch großen Personal-, Material- und Vorbereitungsaufwand.

Projektübersicht

Altsteinzeit:

Nachgestalten von Höhlenmalereien

Jungsteinzeit:

- **Mehl und Brot**
- **Stein**
  Hier ist der einfacheren Handhabung wegen Kalkstein zu empfehlen.
  Feuerstein (Silex) kann nur von darin geübten Erwachsenen bearbeitet werden.
- **Wolle und Bekleidung**
  Spinnen mit der Handspindel
  Weben
- **Leder**
  Herstellen eines Lederbeutels, Lederbänder
- **Steinzeitlicher Schmuck**
- **Tierskulpturen aus Ton**

Altsteinzeit: Nachgestalten von Höhlenmalerei

Hinführen/Motivieren

Lehrererzählung:

Am 12. September 1940 durchstreiften vier Jungen die Wälder oberhalb von Montignac im Tal der Vézère, gelegen in der französischen Provinz Dordogne, als ihr Hund auf einmal von einer Erdspalte verschluckt wurde. Erschrocken liefen sie an die Stelle, wo er verschwunden war – und erlebten ein Abenteuer. Einer der Jungen berichtet:

„Plötzlich verschwand unser kleiner Hund in einem Loch. Wir räumten ein paar Steine weg, um es zu verbreitern. Und weil ich der Stärkste war, tauchte ich als Erster in die dunklen Tiefen ein. Ich hatte Angst, weil man ja nie weiß, was sich in solchen Höhlen verbirgt, aber die Neugier war stärker als die Furcht vor dem Unheimlichen und Unbekannten. Trotzdem schlug mir das Herz bis zum Hals. Ich rutschte aus, versuchte mich an den Steinen festzuhalten, glitt aber mehrere Meter weiter. Als ich schließlich unten ankam, sah ich zu meinem maßlosen Erstaunen die seltsamsten Bilder an den Wänden."

Hinab in die Vorzeit: Der Eingang zur Höhle von Lascaux, 1940. In der Mitte zwei der Jungen, die die Höhle entdeckten.

Erarbeiten

- Betrachten und Beschreiben der Höhlenmalereien um 15 000 v. Chr., Höhepunkt der eiszeitlichen Felsbildkunst. Besonders eindrucksvoll: die mehrfarbigen Tierfriese mit überdimensionalen Stierbildern sowie Darstellungen „ziehender" Wildpferd- und Hirschrudel etc.
- Was wurde gemalt?
- Warum malten die Menschen 15 000 v. Chr. ihre Höhlen mit Tiermotiven aus?
- Welche Farben und Werkzeuge standen zur Verfügung?

Höhlenmalerei in Lascaux, ~ 15 000 v. Chr., Farbe auf Kalkstein
(Farbtafel 1, S. 101)

Gestalten

- Einzel-, Gruppen- und Partnerarbeit sind möglich.
- Die Schüler zeichnen und malen Tiermotive mit Holzkohle und „Zuckerkreiden" auf braunes Packpapier. Zum Skizzieren können Tafelkreiden, die leicht abwischbar sind, verwendet werden.
- Farbauswahl: rot, orange, gelb, weiß und schwarz
- Fixieren der Zeichenkohle mit Haarspray. Bei den Zuckerkreiden muss nicht fixiert werden.

„Höhlenmalerei", Schülerarbeit, 5. Jahrgangsstufe **(Farbtafel 2, S. 101)**

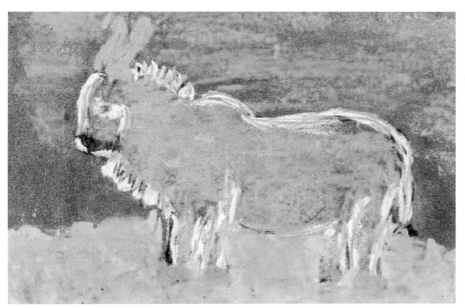

Schülerarbeit, 5. Jahrgangsstufe

Reflektieren/Präsentieren

- Ausstellung der möglichst großformatigen Bilder im Klassenzimmer, das dadurch fast zur Steinzeithöhle wird, oder im Flur
- Betrachten und Würdigen der Ergebnisse
- gemeinsames Lesen einer passenden Geschichte
- evtl. Bilder mit Taschenlampen anstrahlen
- Vielleicht können im Werkunterricht Bilderrahmen hergestellt werden.

Material

- eine Rolle braunes Packpapier
- Zuckerkreide in den Farben Gelb, Rot, Weiß, Braun und Orange
- Plastikschälchen oder Teller zum Aufbewahren der Zuckerkreiden
- Zeichenkohle
- billiges Haarspray zum Fixieren der Zeichenkohle oder Spezialspray
- Tafelkreide zum Skizzieren

Herstellen von „Zuckerkreiden"

200 g Zucker mit 0,5 l Wasser aufkochen, über verschiedenfarbige Tafelkreide gießen, 10 Min. ziehen lassen Mit Zuckerkreiden wird im feuchten Zustand gearbeitet. Sie bieten große Vorteile beim großformatigen Malen:

- Zuckerkreiden besitzen eine stärkere Farbintensität als das Ausgangsprodukt.
- Sie haften fest auf Papier und stauben nach dem Trocknen nicht.

Ausweitung

- Malen mit selbst gesammelten Erdfarben oder fertigen Pigmenten, siehe Buch „FEUER WASSER ERDE LUFT – Die vier Elemente im Kunstunterricht", Auer Verlag, Donauwörth, S. 165 (Bestell-Nr. 3025)
- Gestalten einer steinzeitlichen Höhle
- Experimentelle Archäologie

Selten gab es in der Geschichte der Menschheit so viele bahnbrechende Erfindungen und Entdeckungen wie in der Jungsteinzeit. Die Erfindung des Rades und das Sesshaftwerden der Jäger und Sammler hatten weitreichende Folgen für das Leben der Menschen. Nicht nur für Kinder ist erstaunlich, dass die Menschen immer schon ein Bedürfnis nach gestalteter Umwelt hatten, die Kunst also stets eine Rolle in ihrem Leben spielte – wenn sie auch nicht als isoliertes, vom normalen Leben getrenntes Phänomen betrachtet wurde. Da die meisten Schüler viele Basis-Kulturtechniken nur noch aus den Medien kennen, wäre deren Vermittlung wichtig, abgesehen davon, dass ihnen der Umgang mit den Materialien Stein, Getreide, Holz, Ton, Wolle viel Spaß macht.

Wechselnde Sozialformen, selbst bestimmte Arbeitsziele und Arbeitstempo sorgen für eine entspannte Atmosphäre.

Im Folgenden werden zwei künstlerisch-handwerkliche Techniken vorgestellt:

- Steinzeitlicher Schmuck: Tonperlen und Amulette.
- Steinzeitlicher Schmuck und Arbeiten mit Kalkstein.

Steinzeitlicher Schmuck: Tonperlen und Amulette

Einsteigen/Informieren

- Betrachten von steinzeitlichem Schmuck in Büchern, Heimatmuseen oder größeren Sammlungen
- Grabungsbilder

Erarbeiten

- Welche Materialien standen den Menschen zur Verfügung?
- Welche Materialien haben sich bis heute erhalten?
- Welche Bedeutung hatten die Amulette für ihre Träger? (symbolische Wirkung)

Planen

- Welche Materialien müssen besorgt oder hergestellt werden?
- Welche Werkzeuge sind notwendig?

Gestalten

1. Einfaches Tongefäß herstellen

- Die Schüler formen zuerst ein einfaches Schüsselchen aus einer Tonkugel, glätten und verzieren es. In diesem mit dem Namen des Schülers versehenen Gefäß können alle „Schmuckstücke" bis zur Verwendung, auch während des Brandes aufbewahrt werden.

2. Tonperlen herstellen

● Mögliche Formen:

● Mit einer dicken Stricknadel werden Löcher von beiden Seiten eingestochen, um glatte Ränder zu erzielen.
● Mit Modellierhölzern, Stricknadeln, alten Kugelschreibern u. a. drücken die Schüler Ornamente in die Ton-Schmuckteile.

Beispiele:

● Nach dem Antrocknen können die Perlen mit farbiger Engobe (= dünne keramische Überzugsmasse) bemalt werden.

Präsentieren/Würdigen

● Arrangieren der Schmuckteile auf einem zentralen Tisch, evtl. mit herbstlicher Dekoration auf farblich passendem Tuch
● Gespräch über die Arbeit
● Planung der weiteren Vorgehensweise
● Vergleich mit Originalen

3. Schmuck aus den gebrannten Tonperlen herstellen

Gestalten

● Die Schüler schneiden aus Lederstücken Bänder, drehen Kordeln und fädeln die selbst gefertigten Schmuckteile auf.
● Naturmaterialien wie Ahornsamen, Hagebutten, Kastanien, Blätter sowie Kalksteinornamente können mit den Tonperlen kombiniert werden.

Wir stellen steinzeitlichen Schmuck her

1. Gefäß zum Aufbewahren herstellen:

Tonkugel formen   Mit beiden Daumen von der   Glätten und verzieren;
                         Mitte aus Schüssel formen   Ritze deinen Namen
                                                            auf die Unterseite

2. Tonperlen und Anhänger herstellen:

Welche Formen könnten deine Tonperlen und Schmuckstücke haben? Skizziere sie!

3. Schmuckstücke verzieren:

Mit einer Stricknadel, einem alten Kugelschreiber ohne Mine, Modellierhölzern oder anderen Gegenständen kannst du leicht schöne Muster (Ornamente) stempeln. Probiere es zunächst auf einem flachen Stück Ton aus!

Spurensuche

Mit welchen „Stempeln" wurde hier gearbeitet?

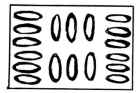   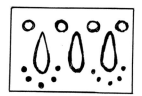   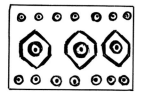   

Verziere nun deine Perlen und Anhänger und bewahre sie in deiner Schale auf!

Unterrichtssequenzen Kunsterziehung 5/6, © Auer Verlag GmbH, Donauwörth
Als Kopiervorlage freigegeben

Arbeiten mit Kalkstein

Feuerstein (Silex) war das Allround-Material unserer Vorfahren in der Jungsteinzeit, um Werkzeuge wie Faustkeile oder Klingen herzustellen. In vielen regionalen und überregionalen Museen können wir sie finden. Es erfordert sehr viel Übung und Erfahrung, um Feuersteine in die richtige Form zu bringen. Die beim Abschlagen entstehenden Splitter sind messerscharf.

Um trotzdem mit dem der Steinzeit Namen gebenden Material arbeiten zu können, haben wir uns bei den „Steinzeit"-Projekttagen für die Verwendung von Kalkstein (aus dem Baustoffhandel) entschieden, der viel einfacher zu bearbeiten ist, allerdings auch leicht bricht.

Die Schüler konnten jedoch Feuersteine zum Feuermachen (zumindest Funken schlagen) ausprobieren und mit Silexklingen versuchen, ein Lederstück zu durchtrennen.

Einsteigen/Informieren

Verschiedene Steine werden gesammelt und nach Aussehen, Verwendungsmöglichkeit, Gewicht u. a. untersucht.

Planen

- Wie könnte der Kalkstein bearbeitet werden?
- Welche Objekte könnten daraus entstehen?

Beispiele:
Tierfiguren für die Jagd, Werkzeug, Pfeilspitzen, Schmuck …
Welche Werkzeuge standen den Menschen in der Steinzeit zur Verfügung?

Versuchsphase

Bearbeiten des Steins ohne Metallwerkzeuge, z. B. auf Asphalt, Beton oder rauen Steinplatten.

Gestalten

Unter Verwendung von alten Raspeln, Feilen und Bohrmaschine

Themenvorschläge:
- Glücksbringer
- einfache, kompakte Tierfiguren
- Schmuck, Amulette
- Pfeilspitzen
- Steinbeil mit Bohrung

Hinweise

- Bei der Bearbeitung von Kalkstein entsteht viel Staub. Deshalb sollte **im Freien** mit entsprechender Kleidung geraspelt und gefeilt werden.
- Auf einen rücksichtsvollen und sachgerechten Umgang mit den Werkzeugen muss bei allem kreativen Eifer hingewiesen werden.
- Um Pfeilspitzen mit Haselnuss-Schäften zu versehen, brauchen die Schüler die Hilfe oder zumindest die Beratung eines handwerklich geschickten Erwachsenen.

Material

- Kalkstein aus dem Baustoffhandel
- alte Raspeln, Feilen, Sägen, Hämmer, Schleifpapier und Bohrmaschine
- Schnitzwerkzeug für Holz
- Schnüre
- Heftpflaster

Präsentieren/Reflektieren

Am Ende der Projekttage bzw. der Unterrichtseinheiten bietet es sich an, die sichtbaren Produkte der Arbeit in einer Ausstellung in der Schule, evtl. auch in einem anderen öffentlichen Raum, z. B. im Foyer einer Bank zu präsentieren. Von den Schülern gestaltete Plakate zu den verschiedenen Projektabschnitten können diese ergänzen. Bei einer Vernissage berichten die Schüler in kurzen Statements über ihre Erfahrungen und Erkenntnisse vor Eltern, Lehrern und Klassenkameraden.

Literatur

Klaus Reichhold, Bernhard Graf: Bilder die die Welt bewegten, Prestel Verlag, München 1998.
Ein Dorf in der Jungsteinzeit, MPZ München

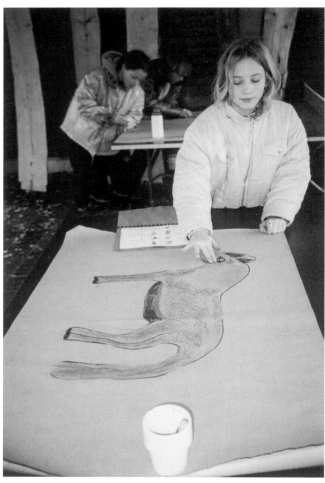

Schüler mit ihren Arbeiten bei der Steinzeitwoche

2. Das Drachenbuch der Klasse 5a *(Grafik)*

Lernziel: In Bildern erzählen

Eine Drachengeschichte als Anregung zum Zeichnen und kreativen Schreiben

Vorbemerkungen

Ausgangspunkt der Sequenz ist die Geschichte eines einsamen Drachens, der immer wieder sein Aussehen verändern und Kunststücke vorführen kann. Das einsame Tier findet nach langer Zeit einen Freund: Balduin, die Maus. Die beiden erleben zusammen eine Menge Abenteuer. Grundlage für diese Geschichte ist das „Drachenbuch" von Walter Schmögner, Insel Verlag 1999.
Die Rahmengeschichte ist als offenes Konzept gedacht, das jederzeit durch die Schüler verändert werden kann, also möglichst viel Freiraum für die eigene Fantasie lässt.

Im Rahmen dieser Sequenz sollen die Schüler einerseits möglichst abwechslungsreiche bildnerische Ideen entwickeln und andererseits ihr Können im grafischen Bereich der Umriss- und Binnenzeichnung erweitern, indem sie Linien und Strukturen bewusster und abwechslungsreicher einsetzen.

Sequenzplanung

1. Unterrichtseinheit

Motivieren/Hinführen

Lehrererzählung:

Es war einmal ein Drache, der lebte seit vielen Jahren allein. Ihr könnt euch vorstellen, dass er sich sehr, sehr einsam fühlte, so ganz ohne Freunde. Ihm war, wie man sich denken kann, oft sehr langweilig (S. 17).

Um sich selbst ein bisschen aufzuheitern, wechselte er öfters von oben bis unten sein Aussehen und betrachtete seine neue Schönheit im Wasserspiegel eines Sees (S. 17).

Als er sich so ansah – ihr müsst wissen, der Drache war äußerst eitel – meinte er kritisch: „Ich sollte mal wieder mehr Wert auf meine zauberhaften Schuppen legen. Die sehen ja zur Zeit recht langweilig aus. Heute überlege ich mir neue Muster, ach ja, Design sagt man heute dazu." Und mit seiner geschickten Pfote begann er gleich Skizzen in den feuchten Sand zu zeichnen. Zuerst dachte er sich neue Umrisse für seine Schuppen aus, denn seine dachziegelartigen gefielen ihm nicht mehr ...

Erarbeiten

1. Teilziel: einfache Umrisszeichnung

Schüler skizzieren mit Bleistift und an der Tafel neue Schuppenformen, z. B.

2. Teilziel: Binnenzeichnung

Sie füllen diese mit verschiedenen Mustern, die mit den Grundformen Kreis, Dreieck, Vier- und Mehrecke, Punkte und Linien kombiniert werden. Auf den bewussten Einsatz des Hell-Dunkel-Kontrastes kann hingewiesen werden.

Tafelskizzen:

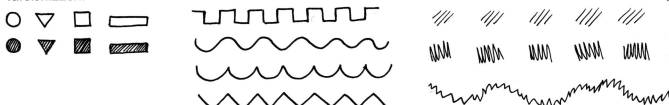

2. und 3. Unterrichtseinheit

Hinführen/Motivieren

- Betrachten und Beurteilen der Skizzen und Entwürfe
- Weiterführen der Geschichte durch den Lehrer bzw. gute Leser
- Der Text ist in kleine Abschnitte für Wortkarten gegliedert, um ihn später den Bildern zuordnen zu können.

Gestalten

- Schüler skizzieren mit Bleistift Drachen und zeichnen mit schwarzem Filzstift weiter.
- Geübte Zeichner können auch mit Tusche und Feder arbeiten.
- Eine differenzierte Binnengestaltung fällt den Schülern erfahrungsgemäß schwer. Deshalb wird diese zunächst nur an einer einzelnen Schuppe geübt und erst später auf die ganze Figur ausgeweitet.
- Während des gesamten Gestaltungsprozesses brauchen die Schüler immer wieder Anregungen; hilfreich ist ein nach und nach ergänztes Tafelbild, das die Gestaltungsideen der Schüler zeigt. In kurzen Besprechungsphasen tauschen die Jugendlichen im Plenum Ideen aus und geben sich gegenseitig eine Rückmeldung.

Präsentieren

- Die Drachengeschichte mit den Schülerzeichnungen kann (zunächst) als eine Art Wandzeitung an eine Pinnwand geheftet werden. So ist sie leicht zu variieren oder zu ergänzen. Manche Textteile müssen umgeschrieben werden, wenn sie nicht zu den Bildern passen.
- Am Ende des Entstehungsprozesses wäre es denkbar, ein Buch anzufertigen. Bei einem Elternabend lesen die Schüler die Geschichte mit verteilten Rollen vor und präsentieren dazu ihre auf Folie gebrannten Zeichnungen am Tageslichtprojektor.

Schülerarbeiten

Schülerarbeit, 5. Jahrgangsstufe

Schülerarbeit, 5. Jahrgangsstufe

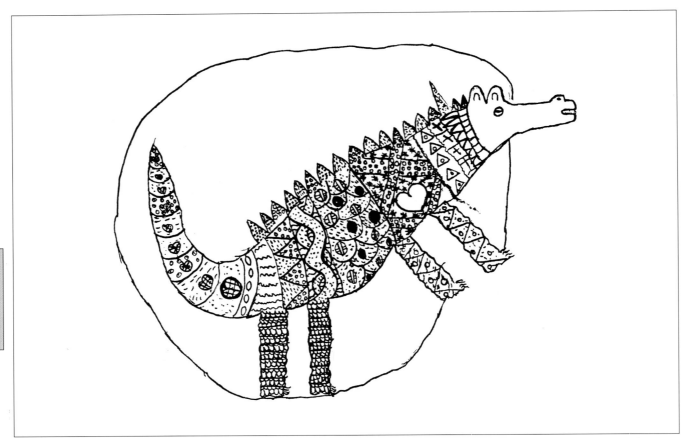

Schülerarbeit, 5. Jahrgangsstufe

Schülerarbeit, 5. Jahrgangsstufe

Schülerarbeit, 5. Jahrgangsstufe

Fortsetzung der Drachengeschichte als Wort- und Textkarten

Besonderen Spaß machte es ihm, wenn er sich selbst Kunststücke vorführte, denn darin war er Meister.

Er konnte fliegen,

Fußball spielen,

Feuer speien,

auf einem Hochseil tanzen,

wagemutige Trapez-Kunststücke zeigen

Unterrichtssequenzen Kunsterziehung 5/6, © Auer Verlag GmbH, Donauwörth
Als Kopiervorlage freigegeben

und mit einem Seil springen,

ja sogar mit Inline-Skatern
dahin brausen.

5
Jahrgangs-
stufe

Auch als Basketballspieler wäre er
gut gewesen. Aber alleine machte
es nicht lange Spaß.

Eine Weile machte es ihm Freude,
sich selbst zuzuschauen. Aber
dann wurde er wieder furchtbar
traurig, bis …

… er eines Tages eine winzig
kleine Maus traf, die sich gerade
auf einer Weltreise befand.

Balduin, so hieß die Maus,
erschrak zunächst gewaltig vor
dem riesengroßen Drachen, merkte
aber bald, dass er im Grunde
seines Herzens recht lieb war.

„Wollen wir Eishockey spielen?", fragte der Drache, denn er freute sich riesig darüber, endlich einen Zuschauer für seine Kunststücke zu haben. „Potztausend! Du bist ja ein Meister", rief Balduin, als der Drache mit seinem Spezialschläger in den Vorderpfoten den Puck geschickt ins Tor schoss.

Balduin bleib einige Zeit und sah sich mit großer Begeisterung die Drachenkunststücke an.

Als die Maus ihre Weltreise fortsetzen und sich verabschieden wollte, hatte der Drache eine Idee: Er beschloss mit auf die Wanderschaft zu gehen.

Und die beiden erlebten eine Menge aufregender Dinge ...

3. Blockschrift – ein Lehrgang *(Schrift)*

Lernziel: Schreiben und Entziffern, Zeichen, Schriften, Dokumente

Ausgehend von einem Lehrgang Blockschrift sollen die Schüler sich aktiv mit Schriftgestaltung auseinander setzen und historische sowie zeitgenössische Beispiele für Schriftkunst kennen lernen

Vorbemerkungen

Trotz vielfältigster Schriftartenangebote auf dem PC ist es nach wie vor sinnvoll, sich mit Schreibkunst zu beschäftigen: einerseits, weil jeder trotz Textverarbeitungs- und Grafikprogrammen immer wieder in Situationen gerät, in denen eine schöne (Schmuck-)Schrift nützlich ist, z. B. die Gestaltung eines Werbeplakates oder das Schreiben einer persönlichen Glückwunschkarte. Andererseits schadet es auch bei der Schriftgestaltung am Computer nicht, wenn man ein Gefühl für gute Formen und Proportionen entwickelt hat. Auch die Leistungen derer, die diese Schriftarten entwickeln, weiß man so eher zu schätzen.

Es ist nicht einfach, Schüler der 5. Klasse zum Üben einer einfachen Blockschrift zu motivieren. Denn in der Regel ist die Lust am Schreiben, v. a. im Fach Kunsterziehung, gering und die Jugendlichen meinen, diese Schrift schon längst zu beherrschen. Schriftgestaltung ist damit auch kein Thema, mit dem ein neues Schuljahr begonnen wird.

Die Motivation für Schrift/Kalligraphie muss in erster Linie vom Lehrer ausgehen. Ebenso wichtig ist es, von vornherein die möglichen Ziele der (mühsamen) Übungen aufzuzeigen, z. B. durch

- schön gestaltete Schriftproben und
- möglichst rasche Anwendung des Gelernten (Gestaltung einer Glückwunschkarte oder andere Anregungen auf den folgenden Arbeitsblättern).

Es ist daher sinnvoll, die Sequenz Schriftgestaltung zeitlich so zu planen, dass ohnehin Schreibanlässe wie etwa eine Einladung zum Theaterstück anstehen.

Abwechslungsreiches Arbeitsmaterial wie **Filzstifte** in verschiedenen Farben und Strichbreiten, **Kreiden, Kalligraphiestifte** und **-füller, Feder** und **Tusche, Pinsel** und **Farben** bietet den Schülern einen zusätzlichen Anreiz, sich als Schriftkünstler anzustrengen.

Sequenzplanung

1. Lehrgang Blockschrift

Hinführen/Motivieren

- Konkreter Schreibanlass, z. B. Plakate, Handzettel, Einladungen für das Schulfest
- Betrachten und Besprechen von Kalligraphien bzw. schön gestalteter Schriftstücke aus der Gegenwart, der Vergangenheit, der Alltagskultur oder fremden Sprachumfeldern.

Erarbeiten

Lehrgang Blockschrift siehe Arbeitsblätter **(S. 27 ff.)**

Material

- Als Schreibgerät bietet sich zunächst ein schwarzer Filzstift mit etwas breiterer Spitze (wie Stabilo pen 68) an. Zu dünne oder zu dicke Faserstifte bringen nicht das gewünschte Ergebnis.
- Zusätzlich sind nötig: Bleistift, Spitzer mit Dose, Radiergummi, Lineal, Geodreieck und verschieden farbige Filzstifte.

2. Schrift-Zeichen: Gestalten und Betrachten

Vorschlag 1: Betrachten mittelalterlicher Handschriften und Gestalten einer Initiale

Hinführen/Motivieren

Folie Labyrinth und Initiale B aus der Wormser Bibel, um 1148

Initiale B, Illuminierte Initiale aus der Wormser Bibel, ~ 1148
(Farbtafel 3, S. 102)

Gestalten

Verzieren eines Großbuchstabens (vergleiche auch S. 25 und **Farbtafeln 4 + 5 auf Seite 103**)

Material

buntes Papier DIN A5 (Rahmen von 2 cm einzeichnen), schwarze Stifte oder Feder und Tusche, eventuell Goldstift

„Leute"

von Günter Kunert

Kleine Leute, große Leute
gab es gestern, gibt es heute,
wird es sicher immer geben,
über, unter, hinter, neben

dir und mir und ihm und ihr:
Kleine, Große sind wie wir.
Größer als ein Großer kann
aber sein ein kleiner Mann.

Klein und groß sagt gar nichts aus,
sondern nur, was einer draus
für sich selbst und alle macht.
Darum habe darauf Acht:
Wer den andern hilft und stützt
und sich nicht nur selber nützt,
hat das richtige Format –
ob ein Zwerg er oder grad

lang wie eine Latte ist
oder einen Meter misst.
Kleine Leute, große Leute
gab es gestern, gibt es heute.

Aufgabe: Schreibe das Gedicht in Blockschrift ab und illustriere es!

Trainingsrunde 1: Blockschrift

5
Jahrgangs-
stufe

Trainingsrunde 2

Blockschrift

C C C C C O Q

P P   B B

R R   D D   J J

S S S

S S

a   b   c   d   e e

f   g   h   ij   k   l

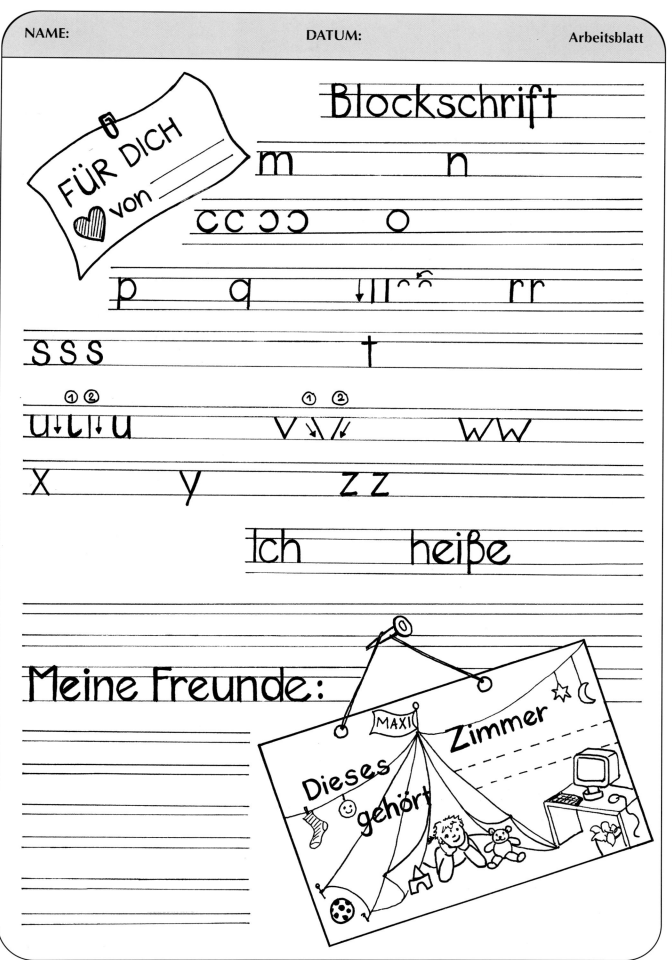

Blockschrift

FÜR DICH
♥ von _____

m   n

cc cc   o

p   q   ↓ııͦ   rr

s s s   t

①②   ① ②
u↓ı↓u   v v⁄   w w

x   y   z z

Ich   heiße

Meine Freunde:

Dieses Zimmer gehört

MAXI

A B C D E F G H J J K L M N

Urkunde

_____

_____

_____

Klasse

beherrscht die

Blockschrift sehr gut.

Datum   Unterschrift

- - - - - - - - - -   - - - - - - - - - -

O P Q R S T U V W X Y Z

5 Jahrgangsstufe

t s r u q p o n m l k j i h g f e d c b a

A–Z ¿ i 9 8 7 6 5 4 3 2 1 z y x w v u

Unterrichtssequenzen Kunsterziehung 5/6, © Auer Verlag GmbH, Donauwörth
Als Kopiervorlage freigegeben

Tipps und Tricks für Schönschreiber

1. Ziehe immer mindestens zwei parallele Linien mit dem Bleistift!

5 Jahrgangsstufe

2. Die Oberlängen der Buchstaben sind bei Kunstschriften meistens kürzer als der Rest.

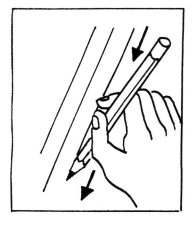

← Oberlänge

← Unterlänge

3. Fast alle Linien sehen besser aus, wenn sie **gezogen** werden. Wenn du den Stift von dir weg**schiebst**, können krumme Linien entstehen.

4. Pass bitte beim Ausradieren der Bleistiftstriche auf!

   Tipp 1: Kontrolliere, ob der Radiergummi sauber ist!

   Tipp 2: Radiere nur in diese Richtung!

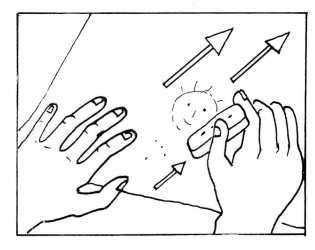

Übungsblatt **BLOCKSCHRIFT**

4. „Eulenspiegel" und „Karagöz" – ein Projekt (Darstellendes Spiel)

Lernziel: Verkleiden, Verwandeln und Spielen – Klassentheater

Vorbemerkungen

1. Darstellendes Spiel

Das Darstellende Spiel (Schulspiel) hat in den Lehrplänen der Grund- und Hauptschule einen fest verankerten Stellenwert. Nach A. Mühldorfer (in: Akademie für Lehrerfortbildung und Personalführung Dillingen: Spiel macht Schule macht Schulspiel, Akademiebericht Nr. 305) u. a. wird die Bedeutung des Schulspiels/Unterrichtsspiels in folgenden Aspekten deutlich:

Pädagogischer Aspekt

- Die harmonische Gesamtentwicklung des Kindes wird gefördert.
- Phasen der Planung und des freien, spielerischen, erkundenden und erprobenden Umgangs mit Material und Darstellung lösen einander sinnvoll ab und ergänzen sich.
- Die unterschiedlichen Stärken und Schwächen einzelner Schüler werden in ein Projekt integriert.

Sozialer Aspekt

- Die sozialen Kräfte werden stabilisiert (Teamarbeit, Selbsteinschätzung).
- Die Schüler lernen sich selbst und den anderen besser kennen und schätzen.
- Das Spiel stärkt das Selbstwertgefühl durch die Erstellung eigenständiger, einmaliger Werke, mit denen man sich in der Öffentlichkeit präsentieren kann.

Gestalterischer, kreativer, spielerischer Aspekt

- Die Freude am Gestalten wird durch das Spiel unterstützt.
- Die kindlichen Gestaltungskräfte werden durch die Verknüpfung mit Schulspiel neu belebt.
- Die Fähigkeit zum kreativen Handeln wird geweckt.
- Neue interessante, reizvolle und unbekannte Materialien, Werkzeuge und Inhalte werden ausprobiert.
- Sich bildhaft auszudrücken, sich mitzuteilen und Gefühle/Erlebnisse darzustellen wird erarbeitet.
- Das Empfinden für den Ausdrucksgehalt und die Formschönheit, die Material- und Funktionsgerechtigkeit wird geweckt.

Spielkompetenz

Nach A. Mühldorfer u. a. unterliegt das Schulspiel eigenen Gesetzmäßigkeiten. Das bedeutet, um es abrufbar zu haben, müssen diese grundlegenden Prinzipien von Darstellung, verbaler und nonverbaler Kommunikation, Interaktion bis hin zur Präsentation vor der Klasse bewusst eingeschult werden:
- bewusste Körpersprache (Mimik, Gestik, Haltung)
- bewusste Stellung und Bewegung im Raum
- bewusstes Erleben des Mitspielers
- bewusste Wahl des Spielortes
- bewusste Stimmführung und Sprache

Die Investition in die geduldige Grundlagenarbeit lohnt sich, da mit der Spielkompetenz Spaß und Effekt steigen.

2. Vorbemerkungen zum Projekt

Aus der unüberschaubaren Vielfalt der Spielvorlagen und -ideen wurden in diesem Fall zwei unterschiedliche Texte ausgewählt, die als Grundlage für das Spiel mit Schülern der 5. Jahrgangsstufe, vor allem in multikulturellen Klassen geeignet sind:

- **Wie Eulenspiegel Eulen und Meerkatzen buk (nach Erich Kästner)**
- **Karagöz, Hacivad und die Schlüsselsuppe (Türkisches Schattentheater)**

  Die Hauptfiguren des türkischen Schattenspiels sind zwei Freunde: Karagöz und Hacivad (auch Hadschiwad).

Karagöz (= schwarzes Auge) ist Träger der komischen Rolle und ist Publikumsliebling. Er ist ungebildet, derb, urwüchsig, obszön und unbesonnen, ein Prahlhans mit Mutterwitz. Mit einer Reihe von Merkmalen steht er der Typenfigur des alten Kasper nahe.

Die Gegenfigur ist *Hacivad*. Dieser ist älter, weltmännisch bis affektiert, schmeichelnd und höflich. Er spricht die Sprache der Gebildeten (mit Fremdwörtern aus dem Persischen und Arabischen durchsetzt) und vertritt die offiziellen Moralvorstellungen.

Hacivad

Karagöz

Beide Charaktere ergänzen sich, indem sie wechselweise die Oberhand über den anderen oder über eine Situation gewinnen. Durch Umdeutungen und bewusstes Nichtverstehen von Seiten des Karagöz entstehen Konflikte und komische Situationen.

Die Figuren werden ähnlich den indischen und chinesischen Schemenfiguren aus gegerbter Tierhaut hergestellt. Der Halte-(Führungs-)stab wird horizontal eingesetzt und nach dem Spiel wieder entfernt. Das Loch zum Einstecken des Stabes hat neben seiner praktischen Funktion eine weitere Bedeutung: Der Islam verbietet die Darstellung lebender Personen durch Spielfiguren; mit einem Loch im (Figuren-)Körper kann die Figur jedoch nicht leben.

In der Literatur wird Karagöz meist mit dem deutschen Kasper oder dem griechischen Karagiosis verglichen. Eine gewisse Parallelität besteht jedoch auch zu Till Eulenspiegel, der wie sein türkisches Pendant immer alles wörtlich nimmt und so die Lacher im Publikum auf seiner Seite hat. Gerade den Schülern der 5. Jahrgangsstufe entspricht dieser Titelheld sicher mehr als der Kasper.

In welcher Theaterform (Schattenspiel, Personales Spiel, Figurenspiel) gespielt wird, hängt von den jeweiligen Faktoren ab:

- Vorerfahrungen der Schüler und des Lehrers
- Ausstattung an der Schule (Bühne, verdunkelbarer Raum für Schattenspiel usw.)
- Aufführungsort, Aufführungsintention

Beide Textvorlagen liefern zunächst nur eine Grundlage für die Entwicklung eines Spieles, das maßgebend von seinen Darstellern geprägt wird.

Literatur

Akademie für Lehrerfortbildung und Personalführung Dillingen: Spiel macht Schule macht Schulspiel, Akademiebericht Nr. 305.
Kurt Schreiner, Puppen & Theater, DuMont Buchverlag, Köln 1980.
Erich Kästner, Walter Trier: Till Eulenspiegel, Atrium Verlag, Zürich 1999.
Fritz-Hüser-Institut für deutsche und ausländische Arbeiterliteratur: Kasper – Karagöz – Karagiosis, Ararat Verlag, Berlin 1985.
Monika Kühn: Karagöz und Rumpelstilzchen, Türkisches und deutsches Schattentheater, Auer Verlag, Donauwörth 1994 (Bestell-Nr. 2256).

Projektplanung

Lehrplanbezug

Der Lehrplan der 5. Jahrgangsstufe sieht ein fächerübergreifendes Arbeiten gerade im Bereich des Darstellenden Spieles vor:

- **Deutsch:** LZ 5.1.3 Kreativ mit Sprache umgehen
- **Musik:** LZ 5.1.3 Szenisches Spiel mit Musik
- **Kunsterziehung:** LZ 5.6 Verkleiden, Verwandeln und Spielen – Klassentheater

Hinführung zum Spiel: Warming Up, Spiele zur Sensibilisierung und zur Kooperation

Wie im Sport sind auch beim Theaterspiel Aufwärmübungen notwendig. Warming Ups sind Spiele zum gegenseitigen Kennenlernen und zum Aufbau einer vertrauensvollen Klassengemeinschaft. Im Akademiebericht 305 der Akademie für Lehrerfortbildung und Personalführung Dillingen sind zahlreiche in der Praxis erprobte Übungen zusammengefasst. Hier einige Beispiele daraus:

Übung 1: **Blindenführer**

Die Schüler gehen paarweise zusammen. Einer schließt die Augen. Der Sehende soll den „Blinden" an der Hand durch den Raum führen. Er kann ihn auch etwas tasten oder erraten lassen. Wichtig: Es wird nicht gesprochen. Der Sehende hat die volle Verantwortung.

Ziel: Vertrauen zu seinen Mitschülern gewinnen

Übung 2: **Bewegung imaginärer Gegenstände**

Die Gruppe wird in Kleingruppen eingeteilt und erhält den Auftrag, gemeinsam einen schweren Gegenstand von einem Ort zu einem anderen zu bewegen, z. B. ein Klavier tragen, einen Baumstamm wegrollen oder einen schweren Schrank wegschieben. Die anderen Schüler beobachten die Aktivitäten, beschreiben sie und versuchen sie zu erraten.

Ziel: Bewegung, Schulung des Vorstellungsvermögens

Übung 3: **Marionette**

Ein Spieler ist eine Marionette. Er liegt auf dem Boden. Ein anderer Spieler ist der „Marionettenspieler", er kann aus jedem Punkt des Marionettenkörpers einen Faden herausziehen und die Puppe damit bewegen. Nach einigen Minuten wechseln die Rollen.

Ziel: Zusammenarbeit

Übung 4: **Soundball**

Alle Schüler stehen im Kreis. Der Lehrer holt einen imaginären Ball aus der Tasche und wirft ihn einem Spieler zu. Beim Abwurf gibt man dem Ball ein Geräusch mit. Dieses Geräusch wird vom Fänger nachgemacht. Erneuter Abwurf mit verändertem Geräusch. Der Ball kann im Verlauf des Spieles seine Form und sein Gewicht ändern, z. B. Luftballon, Medizinball usw.

Ziel: Stärkung der Vorstellungskraft und imaginäre Handlungsplanung

Inszenierung „Karagöz":

Die in diesem Kapitel vorgeschlagenen Textvorlagen können als Grundidee für die Inszenierung innerhalb einer Klasse dienen. Gerade in Klassen mit türkischen Schülern bietet sich die Karagöz-Geschichte an. Das Karagöz-Spiel ist traditionell ein Schattenspiel.

Der vorliegende Text wurde auf Wunsch der Schüler als *Personales Spiel* geschrieben, da sie lieber selbst auf der Bühne stehen wollten, als hinter einer Leinwand zu spielen. Die Hauptfiguren Karagöz und Hacivad trugen Kostüme, die in Anlehnung an die Schattenfiguren genäht wurden:

- einfarbige Hemden
- darüber hüftlange, ärmellose Hemden
- Gürtel mit Beutel
- Kniebundhosen
- Hüte aus Filz

Inszenierung „Eulenspiegel":

Der Schwank „Wie Eulenspiegel Eulen und Meerkatzen buk" kann als Erzähltheater gespielt werden, d. h. ein Erzähler führt durch die Geschichte und nur ausgewählte Situationen werden von den Schülern szenisch dargestellt. Das Backen von Eulen und Meerkatzen kann pantomimisch ablaufen oder in einer aufwendigeren Inszenierung „real" dargestellt werden:

Eulenspiegel hantiert mit Mehl und formt die Backwaren andeutungsweise auf einem Brett. Anschließend gibt er sie in einen aus großen Kartons hergestellten Backofen. Dort werden sie durch Eulen und Meerkatzen aus Lebkuchenteig ausgetauscht und dem Publikum präsentiert.

Karagöz, Hacivad und die Schlüsselsuppe (Blatt 1)

Mitspieler: 10 Schüler mit Schultaschen, Karagöz und Hacivad in traditionellen Kostümen

Spielort: ein Treffplatz für Jugendliche, evtl. eine Mauer, Treppe, sodass die Spieler in unterschiedlicher Position sitzen, stehen, liegen können

Requisiten: 10 Schlüssel, CD-Player

Eine Anzahl Schüler, etwa zehn, kommen aus der Schule; schreien, werfen ihre Schultaschen auf einen Haufen.

1. Kind: Gehst du schon nach Hause?

2. Kind: Nach Hause? Pahh! Ich kann heimkommen, wann ich will. Ich hab ja meinen Wohnungsschlüssel dabei. Da, in der Hosentasche! Ganz sicher!

3. Kind: Ich bleib auch da. Ich zieh mir einen Döner rein. Dann halte ich es bis zum Abend schon aus. Mein Schlüssel hängt hier an der Kette. Noch sicherer!

4. Kind: Ich bleib auch hier. Mein Schlüssel steckt im Turnschuh. Noch sichererer!

5. Kind: Bei mir ist sowieso niemand zu Hause. Mein Schlüssel hängt hier *(Schnur um den Hals)*! Noch sichererer!

6. Kind: Auf mich könnt ihr ja nicht verzichten. Mein Schlüssel steckt in meiner Multifunktionsweste. *(zeigt Weste mit lauter kuriosen Gegenständen in den Taschen)* Noch sichererererer!

7. Kind: Meine Eltern erholen sich gerade in Palma auf Mallorca. Ich trage meinen Schlüssel in meinem original Basecap, das mein Dad vom letzten Urlaub mitgebracht hat. Tausend Prozent sicher!

8. Kind: Dann leiste ich euch auch Gesellschaft. Mein Schlüssel hängt am Ohr. Noch sichererer!

9. Kind: Ich mag auch nicht nach Hause gehen. Ich müsste nämlich noch das Frühstücksgeschirr abspülen. Mein Schlüssel ist hier. Dieses Täschchen am T-Shirt habe ich selbst genäht *(recht schlampig)*. Noch sicherererer!

10. Kind: Ich bleib lieber hier. Unsere Wohnung ist so klein, dass ich schon fast einen Schuhlöffel brauche, um hineinzukommen. Und den Schlüssel zu unserem Luxusappartement habe ich in meinem Geheimfach im Gürtel. Noch sichererererererer!

Karagöz, Hacivad und die Schlüsselsuppe (Blatt 2)

10. Kind: Und jetzt kommt! Spielen wir was?

2. Kind: Ich weiß was: …!

3. Kind: Weiberzeug!

4. Kind: Fußball!

2. Kind: Männerzeug!

7. Kind: Kästchenspringen!

8. Kind: Kinderzeug!

7. Kind: Ich sag nichts mehr! *(wendet sich beleidigt ab)*

9. Kind: Ich hab's! Wir tanzen! Auf geht's! *(Musik erklingt, es wird wild getanzt; Kunststücke werden gezeigt; Kinder lassen ihre Schlüssel während des ganzen Trubels unauffällig fallen.)*

2. Kind: So, ich mach mich jetzt mal auf die Socken. *(greift in die Hosentasche)* Wo ist mein Schlüssel?

1. Kind: Ha, war er also doch nicht so sicher! *(Alle lachen. Plötzlich merken auch sie, dass ihre Schlüssel nicht mehr da sind, es wird gesucht, gefunden, wieder weggeworfen, einem anderen der Schlüssel weggenommen. In diesem Chaos erscheinen Karagöz und Hacivad.)*

Hacivad: Guten Tag, verehrte Schüler!

8. Kind: He, Hacivad! Das ist eine Anrede! – Verehrte Schüler! – Da könnten sich unsere Lehrer ein Beispiel nehmen. Verehrte Schüler! *(schüttelt den Kopf)*

Karagöz: Guten Tag, verkehrte Spieler! *(alle lachen)*

Hacivad: Ich sah gerade, ihr habt Probleme.

Karagöz: Ich sehe kein Problem, ich sehe nur Kinder.

Hacivad: Mein lieber Freund Karagöz! Du bist dumm geboren, dumm aufgewachsen und dumm geblieben.

Karagöz: Und du wirst einst dumm sterben. *(schlagen sich gegenseitig)*

7. Kind: Karagöz, lass doch den eitlen Hacivad in Ruhe. Der Klügere gibt nach.

8. Kind: Hacivad, wir haben tatsächlich ein großes Problem. Da liegen unsere zehn Wohnungsschlüssel und keiner weiß mehr, welcher ihm gehört.

Karagöz: Nicht verzagen! Karagöz fragen! Werft die Schlüssel in meinen Hut! Umrühren. Gibt eine prima Schlüsselsuppe. Jeder bekommt einen Löffel davon.

Hacivad: Was bin ich geschlagen mit einem so dummen Freund!

Karagöz: Dann wende ich eben Trick Nummero 3 an.

Hacivad: Du hast uns doch erst einen gezeigt.

Karagöz: Ich zähle eben anders als du. Bei mir geht das so: 1 3 2 4 5 7 6 8 … Also dann kommt mein Trick Nummero drei. Das riecht man doch, wem der Schlüssel gehört. Ihr mit euren Mini-Nasen habt da natürlich Probleme. Aber ich mit meinem Prachtexemplar von Supernase …

Hacivad: Dass sich so viel Dummheit in einem einzigen Menschen ansammeln kann! Das verstehe ich nicht.

Karagöz: Verkehrter Schivadat, verkehrtester Kacivad, verschwerter Hacivad. Dann lass dir doch selber was einfallen, wie die Kinder zu ihren richtigen Schlüsseln kommen.

Unterrichtssequenzen Kunsterziehung 5/6, © Auer Verlag GmbH, Donauwörth
Als Kopiervorlage freigegeben

Hacivad: Ich lasse meine Ideen erst im Kopf reifen, bevor ich sie aus dem Mund herauslasse, verehrter Karagöz.

Karagöz: Ich hab des Rätsels Lösung. Wir spielen Schwarze Magie. Jeder hält sich mit einer Hand die Augen zu und mit der anderen greift er nach dem Schlüssel. Doch zuvor muss ich meinen Zauberspruch aussprechen:

> Kinder seid ganz stumm,
> Hacivad ist dumm,
> Karagöz ist weise. Greift zum Schlüssel leise.

Hacivad: Verehrter Freund Karagöz! Ich höre das Stroh in deinem Kopf rascheln, ich rieche den Mist in deinem Gehirn, ich höre das Nagen des Holzwurms unter deiner Schädeldecke. Und hiermit sage ich dir: Spar dir deine Vorschläge. Kinder, ab jetzt hört ihr auf mich, den weisen, gebildeten, noblen Hacivad. *(Alle sind sprachlos, bis es Karagöz zu dumm wird.)*

Karagöz: Also, was ist? Heiserer, verwilderter, gehobelter Hacivad!

Hacivad: Karagöz, du verstehst immer alles falsch. Du treibst mich noch auf die Palme!

Karagöz: Geht nicht, ist ja gar keine Palme da.

Hacivad: Also hört auf den allseits gebildeten Hacivad! Wir legen jetzt alle Schlüssel in deinen Hut, Karagöz.

Karagöz: *(hüpft vor Freude)* Also doch eine Schlüsselsuppe!!!

Hacivad: Verehrter Freund, fang nicht schon wieder mit deinem Unsinn an! – Wir gehen jetzt gemeinsam in eure Straße. Wie heißt sie gleich?

Karagöz: Häuslergasse!!

7. Kind: Nur ich wohne nicht in der Häuslergasse. Unsere Villa steht in der Baron-von-Waldhoff-Meisingen-Allee.

Hacivad: Also, wir gehen in eure Straße und probieren alle Schlüssel. Zuerst an deiner *(nimmt ein Kind zur Seite)* Wohnung.

Ein Schlüssel muss passen! Dann haben wir noch neun Schlüssel. So werden es immer weniger und der letzte passt dann an der Villentür in der Baron-von-Waldhoff-Meisingen-Allee.

Karagöz: *(singt)* Und ich rühre auf dem Weg meine Schlüsselsuppe.

> Schlüsselsuppe extra fein
> rührt der Karagöz jetzt ein.
> Wenn der Karagöz nicht wär,
> gäb's keine Schlüsselsuppe mehr.

Hacivad: Jetzt fängt er schon wieder an! Du treibst mich noch auf den Apfelbaum, mein Freund.

Karagöz: Nein, bitte nicht, mein Lieber, ich brauch dich doch:

> Komm an meine Seiten.
> Mit wem könnt ich sonst streiten?
> Wenn ich mit dir zanken muss,
> ist's für mich ein Hochgenuss!

(Alle ziehen fröhlich ab.)

Wie Eulenspiegel Eulen und Meerkatzen buk

Einmal kam Eulenspiegel auch nach Braunschweig und suchte die Herberge „Zur Heimat", weil er dort übernachten wollte. Er fragte einen Bäcker, der vor seinem Laden stand, nach dem Weg. Der Bäcker beschrieb ihm genau, wie er gehen müsse, und fragte noch: „Was bist du denn eigentlich?"

„Ich?", sagte Till. „Ich bin ein wandernder Bäckergeselle." Da freute sich der Bäcker, denn er brauchte gerade einen Gesellen. Und Eulenspiegel blieb für Lohn, Beköstigung und freies Logis in der Bäckerei.

Weil nun der Meister selber mitunter in der Backstube arbeitete, fiel es ihm am ersten und am zweiten Tag überhaupt nicht auf, das Till vom Backen nicht mehr verstand, als ein Ochse vom Klavierspielen.

Doch am dritten Tag wollte der Meister mit seiner Frau zum Dorffest gehen.

Jedenfalls sagte er zu Till: „Heute Nacht musst du alleine backen. Ich komme erst morgen früh wieder herunter."

„Ist recht", meinte Till. „Aber was soll ich denn backen?"

„Da hört sich ja Verschiedenes auf!", rief der Meister. „Du bist ein Bäckergeselle und fragst mich, was du backen sollst! Meinetwegen Eulen und Meerkatzen!" Er hätte ebenso gut sagen können: „Veilchen und junge Hunde"; und er sagte „Eulen und Meerkatzen" natürlich nur, weil er sich über die dumme Frage seines Gesellen geärgert hatte. Aber als er fort war, rührte Eulenspiegel den Teig an und buk von zehn Uhr abends bis drei Uhr früh tatsächlich lauter Eulen und Meerkatzen.

Als der Meister am Morgen hereintrat, dachte er, er käme in den Zoo. Überall lagen und standen knusprig gebackene Tiere. Und er sah sich vergeblich nach Broten, Brötchen und Semmeln um.

Da schlug er vor Wut mit der Faust auf den Tisch und rief: „Was hast du denn da gebacken?"

„Das sehen Sie doch", sagt Till. „Eulen und Meerkatzen. Wie Sie's verlangt haben. Sind die Biester nicht ähnlich genug? Ich habe mir furchtbar viel Mühe gegeben."

Eulenspiegels Frechheit brachte den braven Mann vollends auf den Baum. Er packte ihn am Kragen, schüttelte ihn hin und her und brüllte: „Aus dem Haus! Aber sofort, du Haderlump!"

Unterrichtssequenzen Kunsterziehung 5/6, © Auer Verlag GmbH, Donauwörth
Als Kopiervorlage freigegeben

Wie Eulenspiegel Eulen und Meerkatzen buk

„Erst müssen Sie mich loslassen", sagte Till. „Sonst kann ich nicht weg." Der Meister ließ ihn los, und Till wollte schleunigst auf und davon. Doch da hielt ihn der Bäcker noch einmal fest. „Erst zahlst du mir den Teig, den du verhunzt hast!"

„Nur, wenn ich die lieben Tierchen mitnehmen darf", erwiderte Eulenspiegel. „Wenn ich den Teig, aus dem sie gebacken sind, bezahle, gehören sie mir."

Der Bäcker war einverstanden und nahm das Geld. Till aber verfrachtete seine Eulen und Meerkatzen in einen Tragkorb und zog damit ab.

Am Nachmittag war auf dem Platze vor der Kirche großes Gedränge. Till Eulenspiegel stand mitten unter den Leuten und verkaufte seine Eulen und Meerkatzen Stück für Stück und verdiente großartig daran.

Das sprach sich im Nu herum. Und als der Bäckermeister davon hörte, schloss er seinen Laden ab und rannte im Dauerlauf zur Sankt-Niklas-Kirche hin. „Der Kerl muss mir das Holz bezahlen, das er für das alberne Viehzeug verfeuert hat!", rief er, während er durch die Gassen stürmte. „Und eine Benutzungsgebühr für den Backofen! Und einsperren lasse ich ihn außerdem!"

Doch als er auf dem Platz ankam, war Till Eulenspiegel schon über alle Berge. Er hatte seine Eulen und Meerkatzen restlos ausverkauft, und sogar den Korb, der dem Bäcker gehörte, hatte er für einen Taler verkauft.

Und die Braunschweiger lachten noch jahrelang über den armen Bäckermeister.

5. Farben erforschen *(Malerei)*

Lernziel: Werkmittel erkunden und erforschen

Vorbemerkungen

„Über Grundfarben gibt es unterschiedliche Auffassungen. Wenn man von der Wahrnehmung ausgeht, d. h. ästhetische Gesichtspunkte anlegt, kann man ein reines Blau, Gelb und Rot als Grundfarben herausfinden. Sie werden auch Primärfarben (erste Farben) genannt. Mit den Grundfarben der Drucker (Yellow, Cyanblau und Magentarot) stimmen sie nicht überein. Aus der Mischung von zwei Primärfarben ergeben sich insgesamt drei Sekundärfarben, also zweite Farben: Orange, Grün, Violett." (Aus: Johannes Eucker, Kunst Lexikon, Berlin 1995, S. 106.)

Sequenzplanung

1. Unterrichtseinheit

Motivieren/Hinführen

Mehrere Schüler erhalten Folienstücke **(vgl. Farbtafel 6, S. 104, Kopiervorlage folieren!)** in den Farben Magenta (Rot), Cyan (Blau) und Yellow (Gelb) und legen sie nacheinander so auf den Tageslichtprojektor, dass sie sich teilweise überdecken. Sie stellen fest, dass immer mehr unterschiedliche Farben entstehen, obwohl nur drei Ausgangsfarben zur Verfügung standen.

Eine andere Variante:

Die Folienstücke liegen bereits auf dem Projektor und werden Stück für Stück weggenommen. Das bunte Bild wird damit sukzessive in seine Grundfarben zerlegt.

Erarbeiten

Die Schüler arbeiten in Gruppen.
Jede Gruppe erhält zwei Farben:

● rot/gelb,
● gelb/blau oder
● blau/rot

Arbeitsauftrag: 1. Versuche möglichst viele Mischfarben herzustellen und bemale damit die Karten!
                 2. Ordne die entstandenen Farbkarten nach ihrer Helligkeit!

Die Ausgangsfarbtuben magenta (rot), cyan (blau) und yellow (gelb) stehen in der Mitte des Sitzkreises. Die Schüler ordnen ihre Farbkarten um die Grundfarben herum an, bis ein riesiger, eindrucksvoller Farbkreis entsteht.

Die Wortkarten **Grundfarben** und **Mischfarben** werden zugeordnet.

Reflektieren

Der große Farbkreis kann Anlass für viele Gespräche über Farben sein, z. B.:

Wie viele Farben sind entstanden?

Welche Farbe ist die hellste/dunkelste?

Wie entsteht Hellgrün?

Was passiert, wenn wir alle drei Farben zusammenmischen? (unansehnliche Mischfarbe)

Welche Farben fehlen? (Schwarz und Weiß, die eigentlich keine Farben sind)

Welche Farben gefallen dir am besten?

Welche Farben hat der Regenbogen?

Auf CDs spiegeln sich alle (Spektral-)Farben.

Was könnten wir mit diesen Farben malen?

Sicherung

Die Folienteile, die am Anfang der Stunde ungeordnet waren, werden jetzt am Projektor zum „Farbkreis" zusammengesetzt.

Die Schüler erhalten ein Arbeitsblatt (auf festes Papier kopiert) mit einem einfachen Farbkreis. An den jeweiligen Gruppentischen können sie die Felder entsprechend anmalen.

Tipp: evtl. Föns zur Verfügung stellen, damit die Farben schneller trocknen

Ausweitung

Einen Regenbogen mit den Farbkarten legen
Lied vom Regenbogen „I can sing a rainbow"

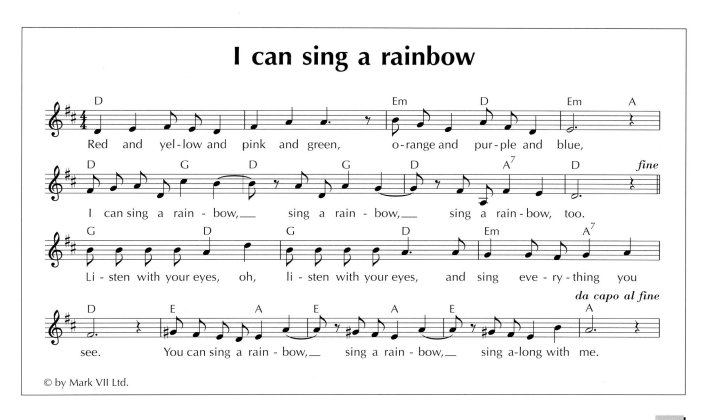

Wir mischen Farben

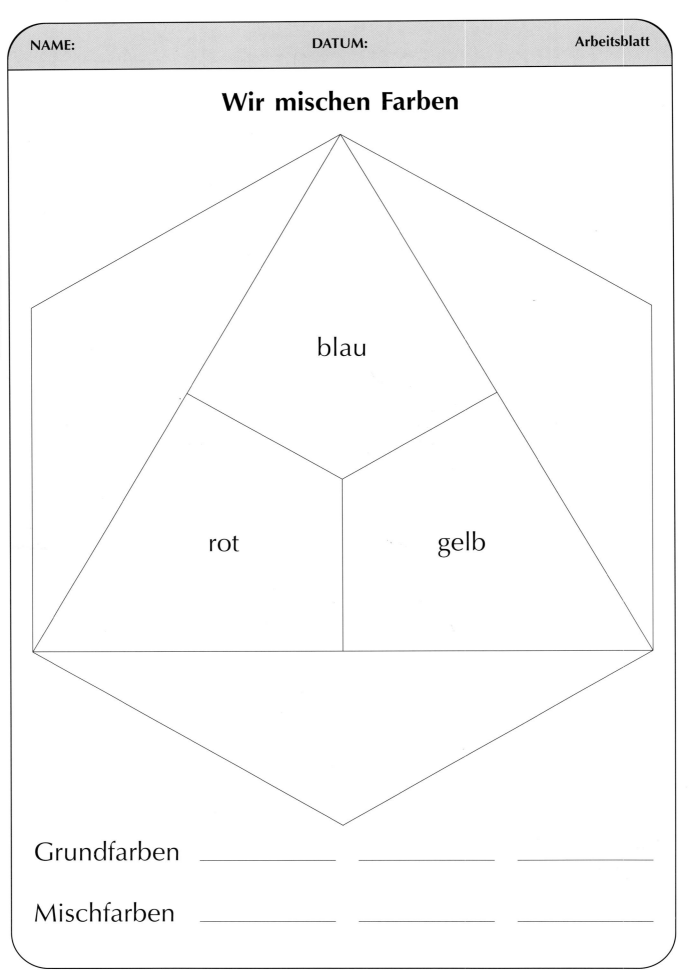

blau

rot gelb

Grundfarben _____ _____ _____

Mischfarben _____ _____ _____

Unterrichtssequenzen Kunsterziehung 5/6, © Auer Verlag GmbH, Donauwörth
Als Kopiervorlage freigegeben

Mische die Farben
Rot und Blau.

Mische die Farben
Rot und Blau.

Mische die Farben
Rot und Blau.

Mische die Farben
Rot und Blau.

Mische die Farben
Gelb und Blau.

Mische die Farben
Gelb und Blau.

Mische die Farben
Gelb und Blau.

Mische die Farben
Gelb und Blau.

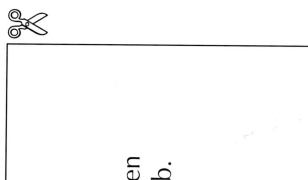

Mische die Farben
Rot und Gelb.

Mische die Farben
Rot und Gelb.

Mische die Farben
Rot und Gelb.

Mische die Farben
Rot und Gelb.

Grundfarbe

Grundfarbe

Grundfarbe

Mischfarbe

Mischfarbe

Mischfarbe

Unterrichtssequenzen Kunsterziehung 5/6, © Auer Verlag GmbH, Donauwörth
Als Kopiervorlage freigegeben

6. Der Zauberpinsel – ein chinesisches Volksmärchen (Malerei)

Lernziele: ● In Bildern erzählen
● Werkmittel erkunden und erforschen

Die thematische Grundlage für diese Sequenz ist ein altes chinesisches Volksmärchen mit dem Titel „Der Zauberpinsel".

Vorbemerkungen

Die Geschichte, die als Bilderbuch von **Anne Jüssen** produziert und von **Renate Seelig** illustriert vom Ravensburger Buchverlag herausgegeben wurde, bietet vielfältige Anreize, selbst gestalterisch aktiv zu werden.

Inhalt:

Famfu, ein armer chinesischer Junge, wäre künstlerisch sehr begabt, besitzt aber keinen Malpinsel, bis ihm eines Tages ein weiser Mann im Traum einen Zauberpinsel mit der Auflage schenkt, ihn wohl zu gebrauchen. Am nächsten Morgen probiert Famfu den Zauberpinsel zum ersten Mal aus und entdeckt, dass alles, was er malt, Wirklichkeit wird. So kann er für sich und seine Freunde das malen, was sie zum Leben brauchen.
Als der Kaiser von Famfus Fähigkeit erfährt, will er ihn für sich Gold malen lassen. Aber Famfu weigert sich, da er mit dem Pinsel nur Gutes tun will. Dafür steckt ihn der Kaiser in den Kerker. Dort aber malt sich Famfu zuerst einmal ein gutes Abendessen und später eine Strickleiter, um zu entkommen. (…)
Durch einen unglücklichen Zufall gerät Famfu einige Zeit später wieder in die Fänge des raffgierigen Kaisers und muss für ihn malen. Aber er weiß sich zu helfen und malt auf Wunsch zwar ein Meer und ein großes Schiff mit roten Segeln, aber auch so viel Wind, dass der Herrscher mitsamt dem Schiff für immer verschwindet.

Sequenzplanung

1. Gestaltungsvorschlag: Famfu malt für sich und seine Freunde

Technik: Zeichnen mit wasserfesten Wachsmalstiften (z. B. Firma Stockmar) und Übermalen mit dunkler Holzbeize

Hinführung/Motivation

Lesen des Textes
Kopiervorlagen S. 51 und **Farbtafel 7, S. 105**

Erarbeitung

● Schüler malen Famfu mit seinen Freunden und vielen Tieren mit Wachsmalkreiden auf weißes Zeichenpapier.
● dunkle Holzbeize nach Anleitung anrühren
● Holzbeize mit einem breiten Pinsel über das Blatt streichen
● Es entsteht ein interessanter Hell-Dunkel-Kontrast, der die Farben noch stärker zum Leuchten bringt.

2. Gestaltungsvorschlag: Famfu sitzt im Kerker des Kaisers

Technik: Malen mit Wasserfarben

Hinführen/Motivieren

Lehrererzählung:
Famfu aber saß im Kellerkerker. Er hatte sich ein wärmendes Kaminfeuer gemalt, einen Tisch mit brennenden Kerzen, ein üppiges Abendessen und dazu ein Gläschen Wein. Nach dem Essen fütterte er ein kleines Mäuschen mit den Überresten von seinem Tisch. Dann malte er ein kleines Äffchen mit einer Strickleiter. Das Äffchen kletterte nach oben und legte das Ende der Leiter um einen Baum. So gelangte Famfu in die Freiheit.

Gestalten

Malen mit Wasserfarben

3. Gestaltungsvorschlag: Der Kaiser segelt mit rotem Segelschiff auf dem wogenden Meer

Techniken: lasierendes Malen/deckendes Malen mit Dispersions- oder Wasserfarben

Hinführen/Motivieren

Lehrererzählung:
„Ich will ein Meer haben!", befahlt der Kaiser.
Und Famfu malte ein riesengroßes Meer.
„Als Nächstes male Fische für das Meer!", gebot der Kaiser. Famfu malte so viele Fische, wie er nur konnte. Einen nach dem anderen nahm er von seinem Malblock und warf ihn ins Wasser.

Gestalten

- Schüler malen mit breiten Pinseln und wässrigen Farben das Meer.

  Weiterführen der Geschichte:

  „Male mir ein Segelboot mit feuerroten Segeln!" Famfu malte ein wunderschönes Segelboot und der Kaiser ging mit seinen Leuten an Bord. „Wind, wir brauchen Wind!", schrie der Kaiser. „Male Wind, damit wir segeln können!" Famfu malte Wind, und das Boot segelte hinaus auf die See: Er malte Wind und Wellen und das Boot schaukelte heftig hin und her. „Genug jetzt!", rief der Kaiser. „Hör auf zu malen!" Aber Famfu malte mit schwungvollen Pinselstrichen immer mehr Wind und immer mehr Wellen. „Hör auf! Ich befehle dir aufzuhören!", schrie der Kaiser aus der Ferne. Aber Famfu malte, so viel er konnte. Und das Schiff segelte davon, immer weiter weg. Es wurde immer kleiner, bis es schließlich hinter dem Horizont verschwand. Niemand hat jemals wieder den Kaiser von China gesehen.

- Schüler malen ein Boot mit roten Segeln und Besatzung auf einen weiteren Papierbogen in deckender Malweise.
- Nach dem Trocknen schneiden sie das Segelschiff aus und kleben es auf das andere vorbereitete Bild, das evtl. an einer passenden Stelle aufgeschnitten wird.

Präsentieren der Ergebnisse

Anordnen der Einzelbilder zu einem Wandfries

Der Zauberpinsel

Ein altes chinesisches Volksmärchen

Mit Bildern von Renate Seelig
erzählt von Anne Jüssen

© Erschienen 1998, Ravensburger Buchverlag, ISBN 3-473-33282-8
Coverillustration: Renate Seelig

Der Zauberpinsel

(Text: Anne Jüssen)

Im Kaiserreich von China lebte ein armer kleiner Junge namens Famfu. Er musste jeden Tag für fremde Leute hart arbeiten, Botengänge machen, Lasten schleppen, Wasser holen und hatte doch nur das Nötigste zum Leben. Er konnte nicht zur Schule gehen, weil er keine Zeit dazu hatte. Sein größter Wunsch war, malen zu können, aber er hatte keinen Pinsel. So blieb ihm nichts anderes übrig, als mit Stiften zu zeichnen. Weil er auch kein Papier hatte, nahm er schöne flache Steine, die er am Wege fand, und jeden Abend zeichnete er Bilder von Blumen, Bäumen und Tieren. „Was für wunderschöne Bilder, sie sehen so lebendig aus!", sagte jeder und alle lobten ihn. Eines Nachts hatte er einen seltsamen Traum: Ein alter Mann mit weißen Haaren betrat seine Schlafkammer und legte einen schönen Pinsel auf sein Bett. „Weil du dir so sehr einen Pinsel wünschst, sollst du diesen haben", sagte er, „aber nimm dich in Acht und gebrauche ihn recht – es ist ein Zauberpinsel!"

Am nächsten Morgen, als Famfu aufstand, fiel der Pinsel zu Boden, und sogar Farbtöpfe standen da.
Nun wusste er, dass er nicht geträumt hatte. Aus lauter Freude malte er sofort einen kleinen Frosch an die Wand. Aber der Frosch wurde lebendig und hüpfte weg.
Dann malte er einen wunderschönen bunten Schmetterling. Kaum hatte er das Bild beendet, da flatterte der Schmetterling mit den Flügeln und flog davon.

Famfu verstand nicht, was passiert war. Er versuchte es noch ein drittes Mal und malte einen kleinen Goldfisch. Kaum hatte er den letzten Pinselstrich gemacht, da fing der Fisch an zu zappeln, und Famfu musste laufen, um ihm ein Gefäß mit Wasser zu bringen. Jetzt begriff er, was für eine Magie in dem Pinsel des alten Mannes steckte, und er begann nach Herzenslust zu malen: kleine Häschen, Hühner, Ziegen, Schafe und Lämmlein.

Als er hungrig wurde, malte er sich ein Frühstück. Jetzt musste er nicht mehr arbeiten, denn alles, was er brauchte, das konnte er sich malen. Seine armen Nachbarn lud er zu einem festlichen Essen ein, schenkte ihnen ein Lämmlein oder ein Huhn und malte kleine Blumensträuße zum Abschied.
Einem Bauern, dem sein altes Pferd gestorben war, schenkte er eine prächtige junge Stute. Er liebte es, den armen Menschen zu helfen, und bald war er im ganzen Land bekannt.

© „Der Zauberpinsel", von Renate Seelig und Anne Jüssen, Ravensburger Buchverlag, 1998. (ISBN: 3-473-33282-8)

7. Grau und bunt – mit Farben gestalten (Malerei/Grafik)

Lernziele: ● **In Bildern erzählen**
● **Werkmittel erkunden und erforschen**

Die Titelfigur aus dem Jugendbuch „Tistou mit den grünen Daumen" verzaubert mit seinen Blumen und Pflanzen das Einheitsgrau seiner Stadt in eine lebenswerte Umgebung.

Vorbemerkungen

Als Rahmengeschichte für diese Unterrichtssequenz dient das oben genannte Jugendbuch von Maurice Druon, das in der Reihe *dtv junior Klassiker* erschienen ist.

Die Geschichte:

Tistou wächst als einziger Sohn eines Waffenproduzenten in der Stadt Kimmelkorn auf und verbringt seine glückliche Kindheit in Reichtum. Da er in der Schule immer einschläft, beschließen die Eltern, den Jungen zu verschiedenen Menschen in die Lehre zu schicken: zu Herrn Schnurrebarbe, dem Gärtner, zu Doktor Vielübel und Herrn Trommelpfiff, dem Fabrikleiter, der viel von Gesetz und Ordnung hält. Beim Gärtner entdeckt Tistou zufällig, dass er „grüne Daumen" hat, d. h. dass er Stellen, an denen er Blumen und andere Pflanzen in Windeseile wachsen haben möchte, nur mit seinen Fingern berühren muss. Da Tistou ein großes Herz für die Menschen in seiner Umgebung und einen unerschütterlichen Gerechtigkeitssinn hat, nutzt er diese Fähigkeit, von der zunächst nur er und Herr Schnurrebarbe wissen, um in Kimmelkorn heimlich Gutes zu tun:
Er verwandelt das Stadtgefängnis in ein Blumenparadies, sodass die Gefangenen nicht mehr ausbrechen wollen und sich lieber als Gärtner betätigen. Ein anderes Mal lässt er aus einem heruntergekommenen Barackenviertel ein Eldorado für Pflanzenliebhaber entstehen, in dem sich die Bewohner pudelwohl fühlen.
Als Tistou erfährt, dass sein Vater Waffen an zwei verfeindete Länder schickt, drückt er seine Daumen heimlich in die Rohre der Kanonen, sodass diese statt Kugeln Blumen in das Nachbarland abfeuern.

Sequenzplanung

1. Unterrichtseinheit: Tistou sieht die grauen Mauern in der Stadt Kimmelkorn

Materialien zum Stempeln:

● kleine Haushaltsschwämme, Holzabschnitte mit deutlicher Maserung, Korkreste (Fußbodenbelag) usw.
● weiße und schwarze Dispersionsfarbe
● Pinsel und Mischbehälter für die Farben

Hinführen/Motivieren

Lehrer stempelt auf großen grauen Karton eine graue Mauer

Erzählung: Tistou, ein Junge in eurem Alter, besucht mit seinem Lehrer ein graues, heruntergekommenes Stadtviertel von Kimmelkorn und ist ganz traurig, weil es hier nur düstere Farben gibt.

Gestalten

Schüler stempeln mit verschiedenen Materialien in Partnerarbeit graue Mauern.
Bei der Verwendung von großen Stempeln sind die Schüler mit dieser Aufgabe schnell fertig.

Reflektieren

Die gedruckten Bilder werden zu einer langen Mauer aneinander gereiht und betrachtet. Die Schüler berichten von ihren Eindrücken während der Arbeit.

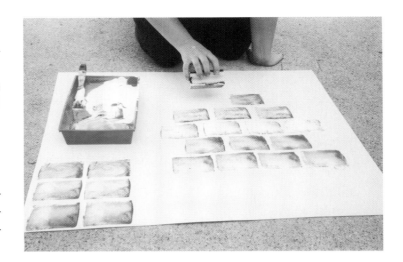

Erarbeiten

Während die Bilder trocknen, lesen die Schüler den Text: „Tistou bekommt seinen ersten Gartenunterricht …"

2. Unterrichtseinheit: Tistou lässt auf grauen Mauern Blumen wachsen

Material: bunte Wasser- oder Dispersionsfarben
Blumen mit verschiedenen Blütenformen

Hinführen/Motivieren

Tistou hat von Blumen eine Menge Ahnung. Er kennt viele verschiedene Arten und Blütenformen.

Erarbeiten

Schüler fertigen Skizzen verschiedener Blumen an → Tafelbild

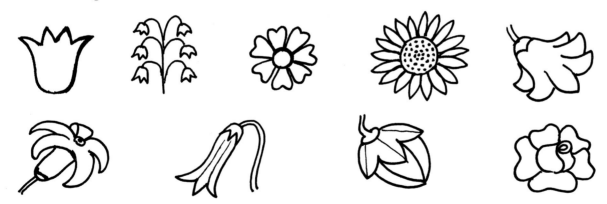

Gestalten

- Schüler malen bunte Blumen und Pflanzen auf weißes Papier.
- Die Pflanzen werden ausgeschnitten und auf die grauen Mauern geklebt.

Ausklang

Lesen und musikalische Gestaltung der Geschichte vor den Bildern

I like the flowers *(Kanon)*

T./M.: *mündlich überliefert*

I like the flow - ers, I like the daf - fo - dils, I like the moun - tains,

I like the roll - ing hills, I like the fi - re - place when the light is down,

dum, di - di da - di, dum, di - di da - di, dum, di - di da - di, dum, di - di da - di.

Tistou bekommt seinen ersten Gartenunterricht und entdeckt dabei, dass er grüne Daumen hat

Tistou setzte seinen Strohhut auf und ging zum Gartenunterricht. (…)

Der Gärtner Schnurrebarbe, der schon von Monsieur Papa benachrichtigt worden war, erwartete seinen Schüler in einem der gläsernen Gewächshäuser.

Schnurrebarbe, der Gärtner, war ein alter Mann. Immer allein war er und sehr schweigsam und meistens gar nicht besonders liebenswürdig. Ein ungeheuer großer, schneeweißer Schnurrbart wucherte wie ein Wald unter seinen Nasenlöchern. (…)

Tistou hatte den Gärtner gern – aber er hatte auch ein bisschen Angst vor ihm.

„Guten Tag, Herr Schnurrebarbe", sagte Tistou und zog den Hut.

„Ah, da bist du ja", antwortete der Gärtner. „Schön, wir wollen mal sehen, was du kannst. Hier ist ein Haufen Gartenerde und da stehen die Blumentöpfe. Du füllst die Erde in die Töpfe, dann drückst du mit dem Daumen ein Loch in die Erde – und schließlich stellst du die Töpfe an der Mauer entlang in einer Reihe auf. Nachher wollen wir dann die richtigen Samenkörner aussuchen und in die Löcher legen." (…)

Tistou machte sich an die Arbeit, die Schnurrebarbe ihm aufgetragen hatte. Und er war angenehm überrascht: Die Arbeit machte ihn gar nicht schläfrig – im Gegenteil, sie machte ihm Freude. Die Erde roch so gut. Ein leerer Topf, eine Schaufel voll Erde hinein, und dann das Loch mit dem Daumen – das war die reine Spielerei. Dann der nächste Topf – die Blumentöpfe reihten sich an der Mauer auf.

Während Tistou mit großem Eifer bei der Arbeit war, machte Schnurrebarbe langsam die Runde durch den Garten. Und an diesem Tag endlich entdeckte Tistou, weshalb der alte Gärtner so schweigsam war: Er sprach mit den Blumen. (…)

Und dann drehte er sich um und rief zu Tistou hinüber:

„Na, werden wir denn wohl heute noch mal fertig?"

„Einen Augenblick noch, Meister, ich muss nur noch drei Töpfe füllen", antwortete Tistou.

Er beeilte sich sehr, und als er fertig war, lief er ans andere Ende des Gartens zu Schnurrebarbe hinüber.

„So, ich bin fertig!"

„Gut, wir werden sehen", brummte der Gärtner.

Sie gingen langsam zurück – Schnurrebarbe beglückwünschte nämlich hier noch eine Pfingstrose zu ihrer guten Laune, ermutigte dort eine Hortensie sich doch endlich blau zu färben … Plötzlich aber standen sie beide wie angewurzelt da, wie aus den Wolken gefallen und wie vom Donner gerührt.

„Was denn – was denn – ich träume doch nicht?", stammelte Schnurrebarbe und rieb sich die Augen. „Siehst du dasselbe wie ich, Junge?"

„O ja, Herr Schnurrebarbe!"

Da, wenige Schritte vor ihnen, standen die Blumentöpfe alle vor der Mauer aufgereiht, die Tistou vor kaum fünf Minuten mit Erde gefüllt hatte – und sie waren voll blühender Blumen! Dass wir uns recht

Unterrichtssequenzen Kunsterziehung 5/6, © Auer Verlag GmbH, Donauwörth
Als Kopiervorlage freigegeben

Jahrgangsstufe 5

verstehen: Es handelte sich nicht nur um ein bisschen mageres Grünzeug oder um ein paar bleiche und schüchterne Triebe. Nein – in allen Töpfen entfalteten sich herrliche, kräftige Begonien und alle diese Begonien zusammen bildeten einen dichten roten Busch.

„Das ist doch nicht zu glauben", murmelte Schnurrebarbe, „man braucht doch mindestens zwei Monate um solche Begonien zu ziehen wie diese hier!"

Ein Wunder ist ein Wunder – erst stellt man's fest und dann versucht man auch schon es zu erklären.

Tistou fragte:

„Aber wenn man keinen Samen in die Erde gelegt hat, wo kommen denn dann die Blumen her?"

„Sonderbar, höchst sonderbar", antwortete Schnurrebarbe.

Dann nahm er plötzlich Tistous Finger in seine großen, rotbraunen Hände und sagte:

„Zeig mir doch mal deine Daumen!"

Er untersuchte aufmerksam die Finger seines Schülers, von oben, von unten, im Schatten und im Licht.

„Mein Junge", sagte er schließlich nach reiflicher Überlegung, „du hast da etwas ebenso Überraschendes wie Außergewöhnliches an dir – du hast grüne Daumen!"

„Grüne?", fragte Tistou verdutzt. „Ich meine, sie sind eher rosa – und jetzt im Augenblick sind sie sogar ziemlich schmutzig. Aber doch nicht grün!"

„Sicher, sicher – du kannst das nicht sehen", antwortete Schnurrebarbe, „das Grüne am Daumen ist unsichtbar – das sitzt mehr unter der Haut. So etwas nennt man ein verborgenes Talent. Nur der Fachmann kann es erkennen. Nun, ich bin Fachmann, und ich kann dir versichern, dass du grüne Daumen hast."

„Und wozu ist das gut, wenn man grüne Daumen hat?"

„Tja, das ist eine wunderbare Eigenschaft", antwortete der Gärtner, „ein wahres Geschenk des Himmels. Siehst du, es gibt überall Samenkörner – nicht nur in der Erde, sondern auch auf den Hausdächern, den Fensterbänken, den Bürgersteigen, den Zäunen und den Mauern. Sie liegen da herum und warten darauf, dass ein Windstoß sie aufs Feld oder in den Garten weht. Manchmal vertrocknen sie und sterben, wenn sie zwischen den Steinen gefangen sitzen und sich nicht in Blumen verwandeln können. Aber wenn ein grüner Daumen eines dieser Körner berührt – das kann sein, wo es will –, dann wächst die Blume daraus hervor, im selben Augenblick! Im Übrigen hast du ja den Beweis vor dir: Deine Daumen sind in der Blumentopferde auf Begoniensamen gestoßen – du siehst das Ergebnis! Glaub mir, ich beneide dich um diese Fähigkeit, den mir hätten grüne Daumen in meinem Beruf sehr, sehr nützlich sein können."

Tistou schien von der Entdeckung nicht besonders entzückt zu sein.

„Jetzt wird man erst recht sagen, ich sei ‚nicht so wie andere Kinder'", murmelte er.

„Am besten ist", erwiderte Schnurrebarbe, „man sagt niemandem was davon. Wozu Neugier oder Eifersucht erregen? Verborgene Talente sind immer eine Gefahr – werden sie bekannt, ziehen sie uns einen Haufen Ärger auf den Hals. Du hast grüne Daumen – so viel ist klar. Nun gut: Behalt es für dich und gib Acht, dass es unser Geheimnis bleibt!"

Als Tistou wenige Tage später das düstere, graue Gefängnis der Stadt Kimmelkorn und seine traurigen, streitsüchtigen Gefangenen sah, hatte er eine großartige Idee: (…)

8. Ägypten – verschiedene Techniken ausprobieren (Malerei/Grafik/Metallprägearbeit)

Lernziel: Begegnung mit frühen Kulturen: Entdecker und Ausgräber

Einblick in die faszinierenden künstlerischen Leistungen der Menschen im alten Ägypten

Vorbemerkungen

Zum Themenbereich Ägypten werden hier drei unterschiedliche Techniken zur Auswahl vorgestellt:

1. Linoldruck auf echten Papyrus
2. Metallprägearbeit
3. Wandmalerei mit Farbpigmenten und selbst hergestellten Erdfarben

▶ Linoldruck auf Papyrus

Druckverfahren siehe Arbeitsblatt **S. 60**

Wissenswertes über Papyrus

Papyrus wurde schon zu Beginn des zweiten Jahrtausends v. Chr. in Ägypten erfunden und gilt als Vorläufer unseres Papiers. Aus dem Mark der grünen, oft armdicken Stängel der Papyrusstaude (lat. Cyperus papyrus) wurden dünne Streifen geschnitten. Diese legte man parallel nebeneinander und darüber eine zweite Schicht rechtwinklig zu der ersten. Das so gebildete Blatt wurde dann mit einem Holzschlegel geklopft und anschließend gepresst. Der dabei austretende Pflanzensaft verband die Streifen beim Trocknen zu einem festen Gefüge. Durch Aneinanderkleben der Blätter entstand eine Rolle, die so stabil war, dass sie nicht nur zum Schreiben oder Malen benutzt wurde. Papyrus wurde auch als Wickelmaterial für Mumien, als Bekleidungsmaterial und sogar für den Bau von leichten Booten verwendet. Um die Zeitenwende wurde Papyrus allmählich von einem neuen Schreib- und Malgrund, dem Pergament, abgelöst. Heute findet Papyrus in der Kunst wieder häufiger Verwendung.

Die Papyrusstaude wird heute nur noch von wenigen Papyrusfabriken auf betriebseigenen Plantagen in Ägypten angebaut. Die Herstellung erfolgt immer noch nach dem gleichen Verfahren wie im antiken Ägypten.

Sequenzplanung

▶ Linoldruck

Hinführen/Motivieren

Betrachten und Untersuchen eines bemalten Papyrusblattes

Erarbeiten

1. Papyrusherstellung siehe Arbeitsblatt **S. 61**
2. Gespräch über das Leben der Menschen im alten Ägypten QV GSE
   Betrachten von bemalten Papyrusblättern
3. Themenfindung und anfertigen von Skizzen für Linoldruck, z. B. Mein Name mit Hieroglyphen, Skarabäus, Schiff auf dem Nil, Krokodil

Gestalten

- Entwurf auf die Linolplatte übertragen
- Linolschnitt

- erste Probeabzüge auf Papier
- Druck auf Papyrus mit schwarzer Linoldruckfarbe
- Kolorieren des Druckes mit Wasserfarben

▶ Metallprägearbeit

Material:

- Metallprägefolie DIN A4
- Papier für Entwurf
- Bleistift, alten Kugelschreiber oder Prägewerkzeug
- Tesafilm zum Befestigen des Entwurfes auf der Folie
- Reproduktionen ägyptischer Kunstwerke als Anregung für die eigene Gestaltung
- Zeitungspapier oder Küchentücher als Unterlage

Hinführen/Motivieren

Betrachten ägyptischer Kunstwerke

Gestalten

- Schüler fertigen Entwürfe nach ägyptischen Vorbildern an
- Das Entwurfsblatt wird auf der Folie mit Klebestreifen befestigt.
- Als Unterlage Zeitungspapier verwenden
- Die Umrisse der Zeichnung werden mit Kugelschreiber, nicht zu spitzen Bleistift oder mit Prägewerkzeug auf die Folie übertragen, das Papier entfernt und die Binnenstruktur geprägt.
- Das Motiv kann ausgeschnitten und aufgeklebt werden.

Hinführen/Motivieren

Bilder ägyptischer Wandmalereien (Beispiel siehe **Farbtafel 8, S. 106**)

Erarbeiten

Farben untersuchen

- Aus Farbkarten (alten Farbmusterkarten vom Fachhändler) die für die Bilder passenden Töne heraussuchen;
- Herstellungsweise von Farben besprechen: Gemahlene Erdpigmente, Ruß, Pflanzenfarben usw.
- Sammeln, Trocknen und Aussieben verschiedener Erden

Farben herstellen

- Selbst gesammelte Erdpigmente (braun, ocker, evtl. schwarz) und gekaufte Pigmente (türkis, rot, weiß, schwarz, grün) in Schraubgläser füllen;
- Pigmente mit etwas Wasser, angerührtem Tapetenkleister und wenig Kunstharzbinder (z. B. Caparol-Binder) mischen, bis eine pastose Farbe entsteht.

Durch die Beimischung von Kunstharzbinder bröckeln die Farben nach dem Trocknen nicht ab.

Gestalten

Themenvorschläge für einen „ägyptischen" Wandfries:
- Am Nilufer
- Tiere: Skarabäus, Katze, Vögel
- Jagen und Fischen

Malen auf rötliches oder braunes Packpapier

Nach einer Übungsphase evtl. auch auf einen dafür vorbereiteten Wandabschnitt (Keller, Treppenhaus) oder eine Säule im Schulhaus.

Linoldruck

1. Das Werkzeug

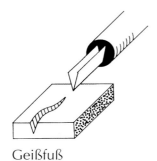
Geißfuß

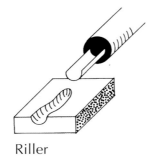
Riller

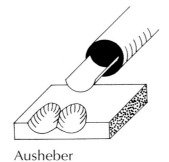
Ausheber

2. Der Druckvorgang

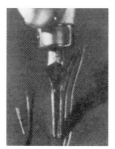
Schneiden

Einwalzen des Druckstocks
mit Druckfarbe

Drucken

Immer vom Körper weg schneiden!

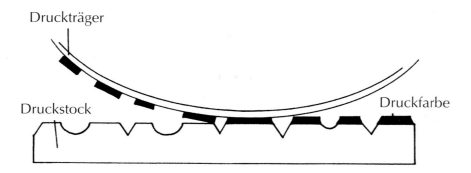

Druckträger

Druckstock

Druckfarbe

Aus: © „Kunststücke 4", Lehrerband, Ernst Klett Grundschulverlag GmbH, Leipzig 1995, S. 36

5
Jahrgangs-
stufe

Papyrusherstellung

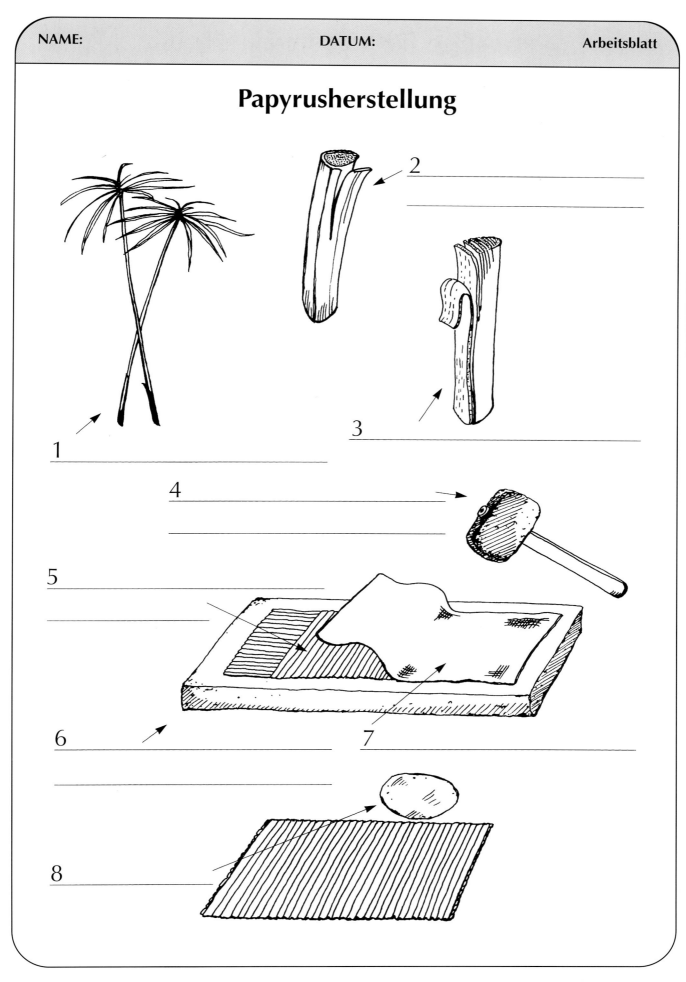

1 _____

2 _____
   _____

3 _____

4 _____
   _____

5 _____
   _____

6 _____

7 _____

8 _____

5
Jahrgangs-
stufe

Vorschläge für Metallprägearbeiten

Goldener Anhänger mit Uzar-Auge
Ägyptisches Museum Kairo

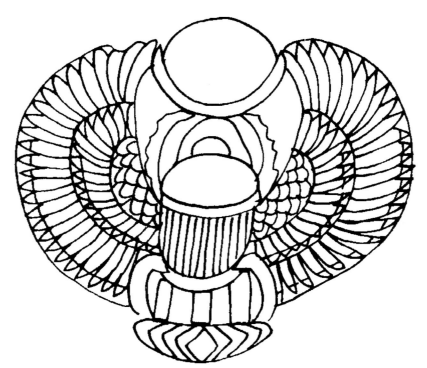

Goldener Anhänger: Skarabäus aus Lapislazuli
Ägyptisches Museum Kairo

Unterrichtssequenzen Kunsterziehung 5/6, © Auer Verlag GmbH, Donauwörth
Als Kopiervorlage freigegeben

9. Porträts und Familienbildnisse – Begegnung und Auseinandersetzung mit Originalen *(Malerei)*

Lernziel: In Bildern erzählen

Vorbemerkungen

Für die Kunstbetrachtung in der Schule werden meistens Reproduktionen von Bildwerken verwendet. Die originale Begegnung mit Kunstwerken hat jedoch eine ebenso wichtige Bedeutung. Man sieht z. B. ein Bild an seinem Platz in Prunkräumen eines Schlosses oder eine Heiligenfigur in einer Kirche an dem für sie gedachten Ort. Dabei wird die Funktion eindeutig erkennbar. Repräsentation auf der einen Seite und religiöse Unterweisung auf der anderen. Material, echte Größe, Umfeld, ursprüngliche Bedeutung u. a. können so besser erfahren werden.

Porträtbilder in Ahnengalerien von Schlössern, Burgen oder Gemäldegalerien sind für Schulklassen relativ leicht zugänglich und bieten sich für eine handlungsorientierte Auseinandersetzung aus verschiedenen Gründen an:

Die Schüler erhalten einen Einblick in das Genre Porträtmalerei und können sich mit der herrschaftlichen Umgebung, der prunkvollen Mode und dem Lebensgefühl der meist adeligen Personen auseinander setzen.

Bei der Nachgestaltung der Bildnisse im Klassenzimmer schlüpfen sie im wörtlichen Sinn in die Rolle einer solchen Figur.

Auch in heutiger Zeit lassen sich Menschen in für sie wichtigen Lebenssituationen fotografieren und führen so eine persönliche Ahnengalerie fort.

In dieser Unterrichtssequenz wird an einigen reproduzierten Porträts exemplarisch die Vorgehensweise dargestellt, wobei Originalen immer der Vorzug gilt.

François Boucher: „Bildnis der Marquise de Pompadour", 1756, München – Alte Pinakothek (Farbtafel 9, S. 107):

Im Schloss Versailles bei Paris gab es eine Geheimtreppe, die zum Arbeitskabinett des Königs in den zweiten Stock führte. Dort wohnte in einem exklusiven Dachzimmer eine Dame, die als Geliebte Marquise de Pompadour von König Ludwig XV. von Frankreich bekannt wurde. Sie ist hier in barocker Manier in einem ihrer Gemächer auf Schloss Versailles auf einer Chaiselongue vor einem Spiegel sitzend zu sehen. Die gebildete und politisch sehr einflussreiche Dame wurde von ihrem damaligen Zeichenlehrer am Hof porträtiert. Auf dem Schreibtischchen neben ihr sind neben Kielfeder und Tintenfass auch ein geöffneter Brief mit Siegelwachs und Siegelring vor einer Kerze abgebildet. Auf ihre Qualitäten als Sängerin verweisen die am Boden liegenden Notenblätter. Vor ihr sitzt ihre Spanielhündin Mimi.

Bartolomé Esteban Murillo: „Die kleine Obsthändlerin", ca. 1665–1675, München – Alte Pinakothek (Farbtafel 10, S. 108):

Mit seinen religiösen Bildern sowie mit seinen anrührenden Darstellungen von Bettelkindern erlangte der spanische Maler Murillo Berühmtheit. Seine Genremalerei ist von Schlichtheit, Menschlichkeit und Volksnähe gekennzeichnet. Das Bild „Die kleine Obsthändlerin" zeigt (wie auch seine Bilder „Trauben- und Melonenesser" oder „Junge, sich von Flöhen befreiend") Kinder und Jugendliche in schäbiger, zerlumpter Kleidung vor ruinenhafter Kulisse. Das Gemälde ist in warmen Farben gehalten und zeigt eine idealisierte Darstellung von der Kindheit eines jungen Mädchens, das mit dem Verkauf von Trauben und Äpfeln ihren Lebensunterhalt verdient. Konzentriert zählt sie mit dem Jungen auf der rechten Bildhälfte das verdiente Geld.

Josef Hauber: „Familie Scheichenpflueg", 1811, München – Lenbachhaus (Farbtafel 11, S. 109):

Der Münchner Akademieprofessor und Historienmaler Josef Hauber hat neben religiösen, mythologischen und allegorischen Bildern v. a. Porträts gemalt. Als Zuhörerin um den Vater vereint, der einen Brief vorliest, wird die Familie des Kaufmanns Scheichenpflueg in diesem Gruppenporträt zum einen als gesellschaftliche Institution und zum anderen auch als eine auf Gefühlsbeziehungen beruhende bürgerliche Gemeinschaft vorgestellt.

Hans Holbein d. J.: „Der Kaufmann Georg Giesze", 1532, Berlin – Staatliches Museum (Farbtafel 12, S. 110):

Mit dem Bildnis des Kaufmanns Georg Giesze zeigt Hans Holbein, der zu den bedeutendsten Porträtmalern seiner Zeit gehörte, den Reichtum und Wohlstand der Figur. Dabei widmet er ihr genau so viel Aufmerksamkeit wie den sie umgebenden Gegenständen. Das Bild zeigt aber auch die Kunstfertigkeit des Malers, der Figuren und Dinge täuschend echt darstellen konnte. Kaufmann Giesze, in Samt und Seide gekleidet, steht vor einem Tisch, auf dem sich Schreibutensilien, eine gefüllte Gelddose und eine kostbare, filigrane Vase mit Nelken befindet. Er hält einen Brief in den Händen. Neben ihm stecken weitere Briefe, deren Siegel gebrochen ist. Bücher, Siegelringe, eine Waage und eine kostbare Kugel umgeben ihn scheinbar zufällig. Sie sollen jedoch die Stellung des Dargestellten unterstreichen.

Für die Vorbereitung und **Materialbeschaffung** der Verkleidungsaktion müssen ein bis zwei Wochen eingeplant werden.

Geeignet sind:

- Stoffe, Vorhänge (Muster-)Gardinen, Tüll, Hüte, Bänder und Schleifen, farbiges Papier, Faschingsperücken, Wolle, Tücher, Krepppapier, Watte, Alufolie, Goldfolie, Modeschmuck, Ketten, Ohrringe, Kleider, Kostüme, Blusen, Röcke, alte Anzüge, Handschuhe, Handtaschen, Dekomaterial, Stoffblumen, Gürtel, Haarschmuck u. v. m.
- Zum provisorischen Raffen und Zusammenstecken der Materialien benötigt man viele Sicherheitsnadeln, Kreppklebeband, Schnüre und Scheren.
- alte große Bilderrahmen vom Flohmarkt
- oder selbst gefertigte Rahmen aus Karton
- Fotoapparate

5
Jahrgangsstufe

Sequenzplanung

Hinführen/Motivieren

Originale Begegnung im Museum oder einem Schloss

Erarbeiten (Bildbetrachtung)

Leitfragen:

- **Wer** wurde dargestellt?
  Alter, Geschlecht, Beruf der Figur(en)
  Kleidung, Schmuck, Haartracht, Besonderheiten, Gesichtsausdruck
- Welche **Haltung** nimmt die Person ein? (Haltung nachstellen lassen)
- Welche **Gegenstände** sind auf dem Bild zu erkennen? Welche **Bedeutung** könnten sie für die Person gehabt haben?
- Welcher **Hintergrund** wurde vom Maler oder Auftraggeber gewählt?
  Was sollte dem Betrachter damit signalisiert werden?
- Aus welchem **Grund** könnte das Bild gemalt worden sein?
  Wer sollte/durfte es anschauen?

(Nach-)Gestalten

Vorbereitende Übungen:
- Raffen und provisorisches Befestigen von Stoffen mit Sicherheitsnadeln und Kreppklebeband sollten die Schüler vorher ausprobieren.
- In Partner- oder Gruppenarbeit gestalten die Schüler ein von ihnen gewähltes Bild nach oder erfinden ein eigenes Porträt. Die Arbeit wird mit der Fotokamera begleitet.

Reflektieren/Ausweiten

- Präsentieren der Fotos, evtl. als Fotosequenz mit Bilduntertiteln im Vergleich zum Originalbild (Farbkopie) auf Plakaten
- Schüler führen Besucher durch das Museum im Klassenzimmer oder im Schulhausflur und erläutern die „Ahnengalerie" der Klasse, evtl. mit musikalischem Rahmenprogramm (Menuett, höfische Tänze o. Ä.)

B Unterrichtssequenzen Kunsterziehung – Klasse 6

1. Joan Miró – Bilder betrachten *(Malerei/Plastik)*

Lernziele: ● **Gestaltungsmittel erkunden und anwenden**
● **Formen und Bauen: Figuren und Modelle**

Bilder Mirós betrachten und in verschiedenen Techniken nachgestalten

Vorbemerkungen

Joan Miró wurde 1893 bei Barcelona geboren. Er war Maler, Grafiker und Bildhauer und gilt als bedeutendster spanischer Künstler des 20. Jahrhunderts. Seine einfach scheinende Bildsprache basiert vor allem auf spielerisch anmutenden Darstellungen, die in einer fantastischen und traumhaften Welt angesiedelt sind. Mit seiner Zeichensprache versuchte er, die nicht sichtbare Wirklichkeitsebene darzustellen und verwendete dafür immer wieder erkennbare Symbole und Zeichen. Diese Art zu malen war am Anfang des 20. Jahrhunderts sehr ungewöhnlich. In Paris, dem damaligen Zentrum der modernen Kunstszene, traf er auf Maler wie Pablo Picasso, Hans Arp, Paul Klee oder Alexander Calder u. v. a., die in ihren Werken ebenfalls versuchten, hinter die sichtbare Fassade des Gegenständlichen zu blicken.

Ab 1956 arbeitete Miró in seinem Atelier auf Mallorca. Er war bekannt dafür, dass er sich nie ausschließlich mit einem Werk beschäftigte. Er arbeitete immer an mehreren Bildern parallel.

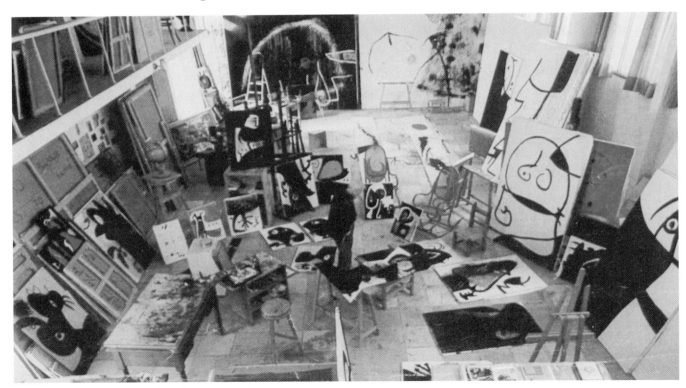

Atelier von Joan Miró auf Mallorca, 1956

Motivieren/Hinführen

Zwei Bilder von Joan Miró: siehe **Farbtafel 13, S. 111** und **Farbtafel 14, S. 112** im Vergleich

● Schüler erkennen erste Gemeinsamkeiten und Unterschiede.

Erarbeiten

In Partnerarbeit werden die beiden vorgeschlagenen Bilder in ersten Ansätzen verglichen und analysiert; wobei klar wird, dass es keine allgemein gültige Interpretation geben kann. Das Arbeitsblatt dient dabei als Hilfsmittel, sich über den Malstil von Miró Gedanken zu machen.

Stehen mehr Kunstdrucke/Kunstpostkarten zur Verfügung, können die Schüler auch andere Werke des Künstlers untersuchen. Ihre Ergebnisse stellen sie in Kurzreferaten den Klassenkameraden vor.

Dabei stellen sie fest, dass es bei der Farben- und Formensprache immer wieder zu Gemeinsamkeiten, aber auch zu Unterschieden zwischen den Bildern kommt. Der Bildvergleich dient in diesem Fall als Anstoß, sich über abstrakte Bilder Gedanken zu machen und gleichzeitig als Gesprächsanlass. Die Gefahr einer vorschnellen Wertung (Das Bild gefällt mir nicht!), die immer bei der Begegnung mit Ungewohntem besteht, ist so kein Thema.

Gestalten

6
Jahrgangs-
stufe

Vorschlag 1

● Bildhintergrund mit **Spritztechnik** gestalten:
  Dabei sprenkeln die Schüler mit alten Zahnbürsten pastos angerührte Wasserfarbe auf das Zeichenblatt (mindestens Größe DIN A3).
● Formen aus buntem Tonpapier in den **Grundfarben** ausschneiden und auf dem Bildhintergrund in verschiedener Weise anordnen.
  So entstehen auf spielerische Weise eigene Bildkompositionen. Erst am Ende der Experimentierphase kleben die Schüler ihre Zeichen und Symbole fest.
● Mit schwarzer Wasserfarbe oder dicken Filzstiften können die Bilder weiter bearbeitet werden.

Vorschlag 2 (Großformatige Bilder; Kartons der Größe DIN A1 oder DIN A0)

● Hintergrund mit Farbsprays gestalten
  Dabei nur zwei miteinander harmonierende Farben auswählen, z. B. gelb/blau, gelb/grün, blau/grün
● Formen und Symbole aus Tonpapier ausschneiden wie bei Vorschlag 1 und festkleben
● Linien und schwarze Zeichen mit leicht verdünnter Dispersions- oder Fingermalfarbe mit Borstenpinsel auftragen

Vorschlag 3

Mobilés herstellen

Joan Miró war mit dem amerikanischen Ingenieur und Maler **Alexander Calder (1898–1976)** befreundet, den die Vorstellung begeisterte, Bewegungsabläufe darzustellen und damit ein „Bild" ständig zu verändern. Er begann damit, Gegenstände an Schnüren oder dünnen Drähten aufzuhängen, damit sie sich beim kleinsten Lufthauch bewegen. Marcel Duchamp nannte seine Werke deshalb Mobilés.

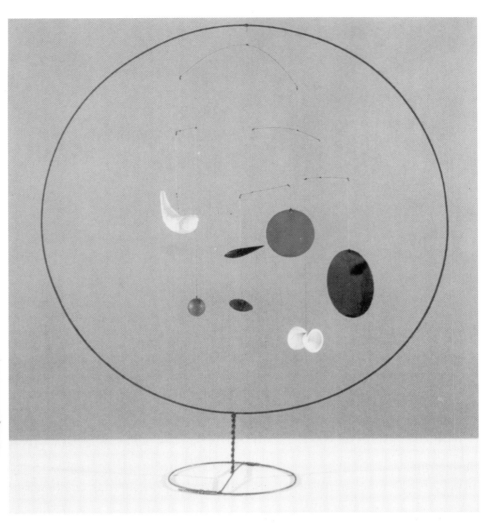

Alexander Calder „Mobilé",
© VG Bild-Kunst, Bonn 2001.

Material

Für die Mobilés benötigen die Schüler folgende Arbeitsmaterialien:

- Drahtstücke
- Schnüre
- Kartons
- Farben
- Pinsel
- Tonpapier
- Nadeln oder Vorstecher
- Styroporkugeln
- Fundmaterialien
- evtl. Drahtkleiderbügel

4. Vorschlag

Wandmalerei
Gestalten einer Wand, Säule, Tür oder eines Tores in der Schule mit Dispersionsfarben auf eine weiß grundierte Fläche

5. Vorschlag

Plastiken aus Fundmaterial

Joan Miró

1. Welche Farben hatte Miró für diese Bilder auf seiner Palette?
   a) Trage sie mit Buntstiften ein!
   b) Vergleiche die verwendeten Farben!

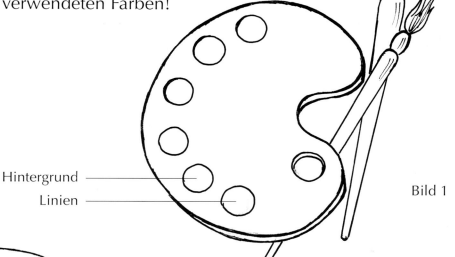

Hintergrund

Linien

Bild 1

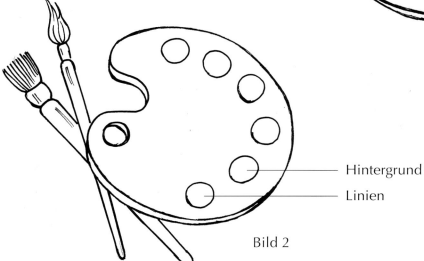

Hintergrund

Linien

Bild 2

2. Einige Formen erkennst du sofort, z. B. Kreise. Finde weitere!

3. Auf den Bildern entdeckst du aber auch viele Fantasiezeichen. Zeichne eines davon auf das Arbeitsblatt!

4. Gib einem der Bilder einen neuen geheimnisvollen Titel! Vielleicht fällt dir sogar eine kleine Geschichte dazu ein. Schreibe diese auf deinen Block!

2. Marionetten – Bau und Vorspiel
(Plastik/Szenisches Spiel)

Lernziele:
- **Formen und Bauen: Figuren und Modelle**
- **Bauen, Gestalten, Spielen: Szenen und Episoden**

Vorbemerkungen

Auch wenn die in dieser Sequenz beschriebenen Marionetten eigentlich nur aus einem einfachen Holzgerüst, aus ein wenig Modelliermasse, Wolle und Stoff bestehen – sobald sie ein wenig Gestalt annehmen, geht von ihnen eine große Faszination aus. Schnell werden aus ihnen einmalige Wesen, mit denen der jeweilige „Erbauer" in enger Beziehung steht. Es ist beeindruckend, mit wie viel Durchhaltevermögen und Liebe zum Detail manche Schüler ihre Marionette gestalten.

Siehe **Farbtafel 15, S. 113**

Zum Marionettenbauen und -spielen empfiehlt sich ein weit gefasstes Rahmenthema (z. B. Zirkus, Zauberwelt, Bewohner fremder Planeten o. Ä.), damit jeder Schüler seine Marionette nach eigenen Vorstellungen bauen kann. Beim späteren Spiel können die Puppen einzeln oder in Gruppen in improvisierten Spielszenen auftreten.

Eine gute Grundlage für das Marionettenspiel sind weiter: Märchen, Kinder- und Jugendbücher, Sagen u. v. a. m.

Dieser Sequenz liegt die Oper „Die Zauberflöte" von Wolfgang Amadeus Mozart in einer stark verkürzten Form zu Grunde. Dabei führt eine Mozart-Marionette durch die Geschichte. Schüler einer 6. Klasse bauten im Kunst- und Werkunterricht die Hauptfiguren aus der Oper. Im Musik-, Kunst- und Deutschunterricht wurde das Stück in wenigen Wochen erarbeitet. Die Musik dazu kam meist von CD-Aufnahmen, teilweise wurde aber auch live musiziert (z. B. **„Mozarts Alphabet",** ein bayerisches Volkslied, siehe **Kopiervorlage S. 83**). Die Erbauer der Marionetten spielten ihre Figur in der Regel selbst, die Sprechrollen übernahmen andere Schüler.

Sequenzplanung

1. Unterrichtseinheit

Motivieren/Hinführen

Im Musikunterricht lernen die Schüler Ausschnitte aus Mozarts „Zauberflöte" kennen. Sie werden mit der Musik, den Hauptfiguren und der Handlung vertraut gemacht.

2. Unterrichtseinheit

Motivieren/Hinführen

Die Schüler betrachten eine bereits fertige Marionette, falls vorhanden, oder Bilder von Fadenfiguren und lernen in einem ersten Schritt die Funktion kennen, versuchen, eine Marionette zu führen und ihr eine entsprechende Stimme zu geben.

Erarbeiten

1. TZ: Freies Malen von Szenenbildern aus der Oper „Die Zauberflöte"

2. TZ: Ausschneiden einzelner Figuren und Zusammensetzen zu einem Gemeinschaftswerk

Während dieser Arbeit bleibt den Schülern Zeit, sich für eine Figur zu entscheiden, die sie später als Marionette bauen werden. Die Hörspielkassette/CD „Die Zauberflöte" von W. A. Mozart wird in dieser Phase von den Schülern gern gehört, obwohl sie meist in keiner Weise ihren Hörgewohnheiten entspricht.

3. TZ: Planungsphase: Marionettenbau

Folgende Figuren werden für das Marionettenspiel benötigt:
- W. A. Mozart
- Sarastro, Herrscher des Sonnenreiches
- Tamino, ein Prinz
- großes wildes Tier, Drache o. Ä.
- mehrere unterschiedliche Tiere
- die Königin der Nacht
- Pamina, ihre Tochter
- drei Damen der Königin
- Papageno, ein Vogelfänger
- Papagena
- Monostatos, ein Mohr in Sarastros Diensten

Praktische Arbeit an den Marionetten

Material:
- ca. 1,65 m lange Holzleiste
- 27 Schraubhaken
- 1 Packung Plastika Modelliermasse (härtet an der Luft aus und kann dann wie Holz bearbeitet werden)
- Schleifpapier
- Nägel und Holzschrauben je nach Holzstärke
- Holzleim
- Dispersionsfarben, Pinsel
- Baumwollgarn und Nylonfaden zum Aufhängen der Marionette
- Wolle
- Stoff
- Plastiktüten zum Aufbewahren der Marionettenteile

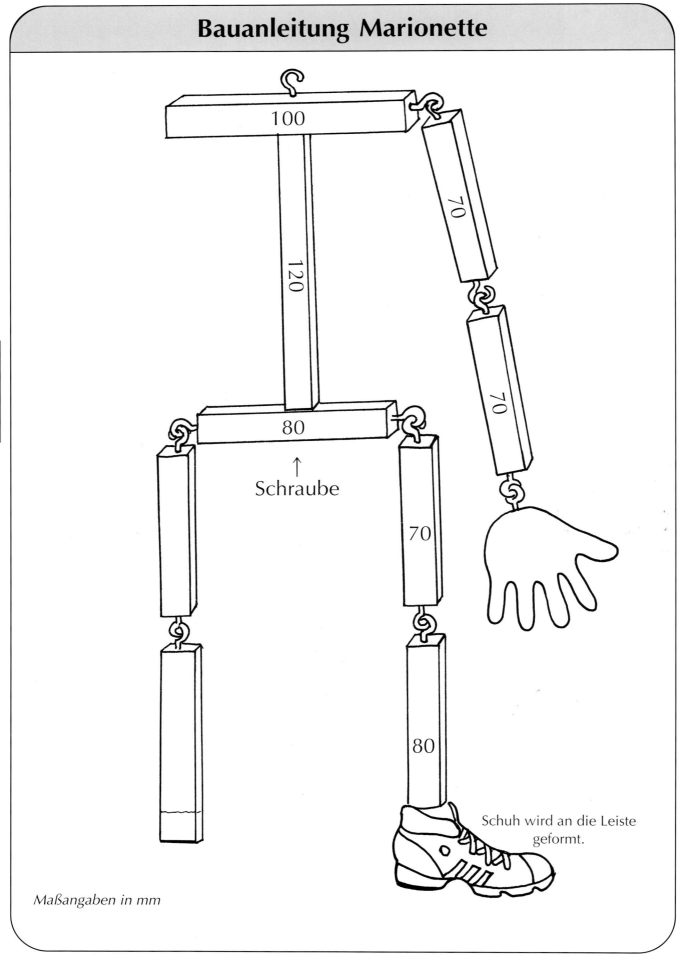

100

120

70

80

↑
Schraube

70

70

70

80

Schuh wird an die Leiste geformt.

Maßangaben in mm

Bauanleitung Marionette

1. Bau des Grundkörpers

- Holzleisten nach Angaben auf dem AB zusägen
- Teile schneiden und beschriften (alle Teile mit Namen versehen, damit es keine Verwechslungen gibt)
- mit einem Vorstecher Löcher für die Schraubhaken bohren
- Schraubhaken eindrehen
- „Schulter", „Wirbelsäule" und „Hüfte" mit Holzleim und Nägeln oder Holzschrauben verbinden
- Einzelteile bis auf die Unterschenkel einhaken, da die Füße oder Schuhe direkt anmodelliert werden, und Schraubhaken mit der Kombizange schließen

2. Modellieren der Hände, des Kopfes und der Schuhe/Füße/Pfoten

Werkzeug/Material:

- pro Marionette ca. eine Packung Plastika Modelliermasse (Plastika kann auch als Großgebinde mit 5 kg bestellt werden)
- Modellierwerkzeug (Keramik)
- Messbecher und Plastikschüssel
- Plastiktüten zum Aufbewahren der nicht gebrauchten Modelliermasse
- Papier/Karton als Arbeitsunterlage
- einige flache Kartons zum Aufbewahren und Trocknenlassen der modellierten Teile
- Papier oder Alufolie

2.1 Formen des Kopfes

- um ein ca. 12 cm langes Stück Holzleiste mit Papier oder Alufolie den Kopf vormodellieren, damit Holzmasse nicht zu dick aufgetragen werden muss
- aus Modelliermasse einen kugelförmigen Kopf formen (zunächst nur sehr grobe Form)
- dabei ein Stück „Hals" frei lassen
- dieses vormodellierte Stück antrocknen oder an der Luft durchhärten lassen (1 Woche)
- an den getrockneten Teilen kann später problemlos weiter modelliert werden; evtl. etwas anfeuchten
- die Masse kann im getrockneten Zustand gesägt, geschliffen oder gebohrt werden – Risse lassen sich mit Modelliermasse glätten

2.2 Modellieren der Hände und Füße/Schuhe

Da eine Marionette nur mit Gestik agiert, die Mundbewegungen und die Mimik fehlen, kommt den Händen eine besondere Bedeutung zu. Sie zeigen den Typus der Figur an, geben Aufschluss über seine Wesensart, seinen „Beruf" und müssen zu seiner Gesamtstatur passen.

Damit die Gestik der Figur von den späteren Zuschauern gut wahrgenommen werden kann, müssen die Hände proportional größer geformt sein, als dies real der Fall ist. Falls die Figur ein Werkzeug, ein Musikinstrument oder ein anderes Utensil ständig benutzt, kann es an der Hand gleich mit befestigt werden.

Die Füße, Schuhe oder Pfoten der Figur werden in unserem Fall direkt an den „Unterschenkel" anmodelliert und so getrocknet. Sollten sich die beiden Teile nach dem Trocknen voneinander lösen, können sie mit Holzleim oder der Heißklebepistole wieder verbunden werden.

Wie auch bei der gesamten Figur gilt: Beim Formen der Marionettenteile müssen alle Wesensmerkmale überdeutlich und sehr übertrieben dargestellt werden, sonst wirkt die Figur später nicht.

Alle modellierten Teile müssen vor dem Bemalen gut durchhärten und ab und zu gewendet werden.

2.3 Bemalen und Ausgestalten der Marionettenteile

- Um leuchtende Farben zu erzielen, modellierte Figurenteile mit weißer Dispersionsfarbe grundieren. Dadurch gleichen sich auch kleinere Unebenheiten oder Risse aus.
- Zum Bemalen eignen sich Wasser-, Plaka-, Acryl- und Dispersionsfarben. Ein abschließender Überzug mit seidenmattem Lack bietet sich an.
- Die Augen der Marionetten können entweder gemalt oder aufgeklebt werden (Perlen, Knöpfe, Murmeln etc.).
- Haare aus Fellresten, ungesponnener Wolle, Wollresten, Stoffresten oder Abfallmaterial können mit der Heißklebepistole aufgeklebt oder angenagelt werden.

2.4 Kleidung

Das Herstellen der Marionettenkleidung erfordert viel Zeit und Durchhaltevermögen, auch wenn „Nähte" und Säume mit Heißkleber oder Heftklammern schnell geschlossen sind. Oft ist die Hilfe von Erwachsenen nötig, um die nötigen Kleidungsstücke herzustellen. Wichtig ist bei der Ausstattung der Gesamteindruck der Figur, nicht unbedingt die sorgfältige Handarbeit. Accessoires (Schmuck, Piercing, Gürtel, Kopfbedeckung, Spielzeughandy aus Plastik usw.) tragen viel dazu bei, die Figur „zum Leben zu erwecken".

2.5 Führungskreuz (s. S. 78)

- Holzleisten nach den Maßen des AB zusägen
- Der Balken für die Beine sollte gut beweglich sein.
- Die Querleiste, an der später die Hände befestigt werden, hängt an einer Ringschraube wie ein Triangel, damit die Arme nach vorne ausladend bewegt werden können.
- Diese Form des Führungskreuzes wird senkrecht gehalten; die angedeuteten Fäden geben die Richtung an.

2.6 Anbringen der Fäden (Partnerarbeit)

- festes Baumwollgarn oder Nylonfaden verwenden
- an der Marionette sechs weitere Schraubhaken befestigen (siehe Skizze)
- Führungskreuz aufhängen
- Die Länge der Fäden richtet sich nach der Bühne und den Spielern.
- Zuerst wird der Kopf der Marionette befestigt, anschließend die Beine und zuletzt die Arme.
- Die Arme der Marionette hängen nach unten. Die Fäden dürfen nicht durchhängen.

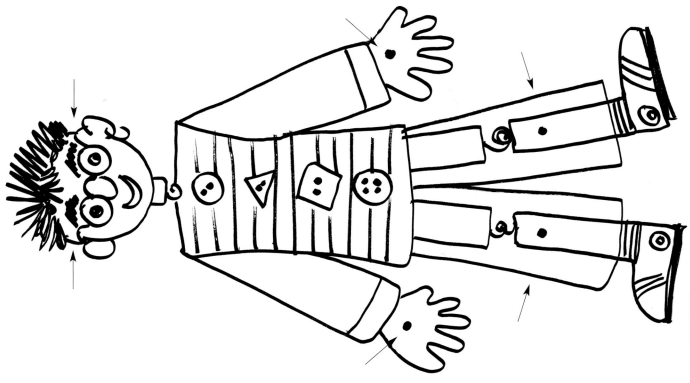

6
Jahrgangs-
stufe

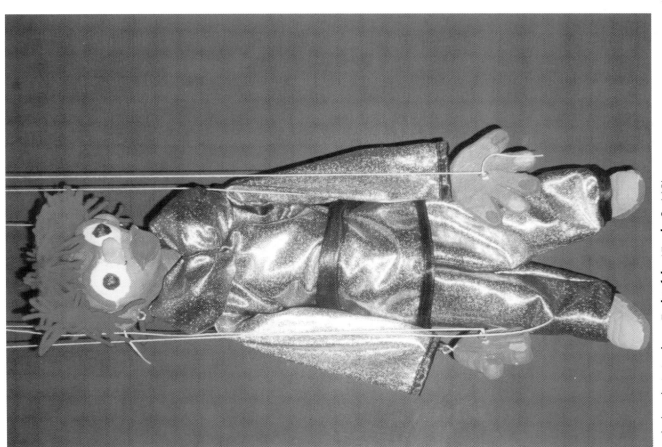

Schülerarbeit (weitere Farbtafeln 15a, b, S. 113)

75

Literatur

Kurt Schreiner: Puppen & Theater. DuMont Verlag, Köln 1980.
Arnold Werner-Jensen: dtv junior Opernführer, dtv, München 1983.
Robin Richmond: Die Zauberflöte. Bärenreiter, Basel 1991.
Haremberg Opernführer.

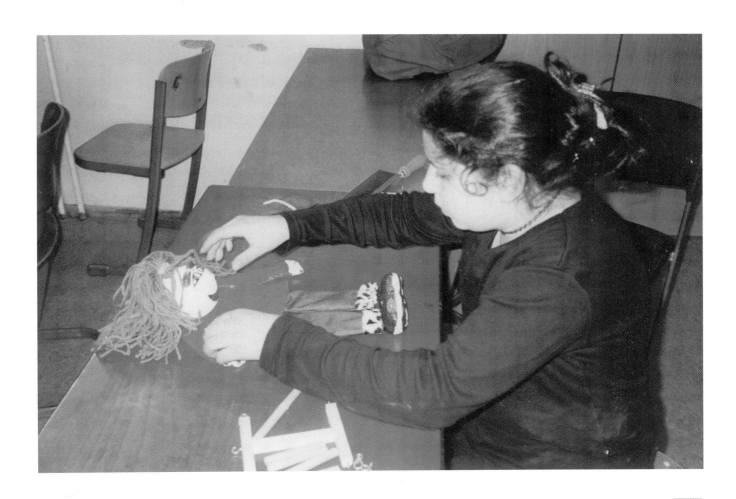

Führungskreuz
Marionette

drehbar

120 mm   Ø   Beine

Ringschraube →

200 mm

90 mm   Ø   Kopf

150 mm   Arme

Unterrichtssequenzen Kunsterziehung 5/6, © Auer Verlag GmbH, Donauwörth
Als Kopiervorlage freigegeben

„Die Zauberflöte"

© Text: I. Schwoshuber sen./G. Schwoshuber

Lied: Hört und seht

Mozart: „Meine sehr geehrten Damen und Herren, liebe Kinder, ihr habt mich eingeladen und schon bin ich da – ich Mozart. Kennt ihr auch meine Vornamen? Ihr meint Wolfgang Amadeus? Das stimmt, aber ich habe damals bei meiner Taufe in Salzburg noch viel mehr Namen bekommen. Lacht mich nicht aus, ich heiße nämlich: Wolfgang Amadeus Johannes Chrisostomus Theophilis. Mehr nicht. Aber alle meine Verwandten und Bekannten nennen mich nur Wolferl.

Ja, Kinder, hoffentlich braucht ihr nicht so viel zu lernen wie ich in meiner Kinderzeit. Oh wie mühsam war das Alphabet! Ich konnte mir die Buchstaben einfach nicht in der richtigen Reihenfolge merken. Irgendwann habe ich eine Melodie dazu erfunden. Dann ging's leichter. Hört mal zu!"

Lied: Abc

„Mit 12 Jahren konnte ich bereits in fünf Sprachen fließend reden. Und erst die vielen Musikstunden! O je! Aber es hat sich gelohnt: Mit sechs Jahren konnte ich schon Konzerte geben, mit 12 Jahren schrieb ich meine erste Oper. Aber was rede ich. Heute bin ich zu euch in mein geliebtes Augsburg gekommen, das ich noch aus meiner Kinderzeit in bester Erinnerung habe. Aber inzwischen hat sich so vieles verändert. Auf den Straßen sausen Fahrzeuge ganz von selbst – ohne Pferde! Und wie sie rennen! Und riesige Vögel fliegen über die Stadt und machen einen Höllenlärm.

Ich möchte euch heute eines meiner bekanntesten Werke vorstellen – **Die Zauberflöte**:

1. Szene: Wald

Erzähler:	Vor langer Zeit lebte ein Prinz mit dem Namen Tamino. Am liebsten ging er auf die Jagd, um mit Pfeil und Bogen wilde Tiere zu erlegen. Eines Tages, er hatte bereits alle seine Pfeile verschossen, da wurde er von einem Riesenungeheuer verfolgt. *(Tamino tritt auf und wird von einer Schlange verfolgt)*
Tamino:	„Hilfe! Eine Schlange! Warte, dich erschieße ich! *(greift in seinen Köcher)* O je! Alle Pfeile habe ich schon auf der Jagd verschossen. Hilfeeeee!!!" *(Donner) (Tamino fällt um)*
Tamino:	*(erwacht)* „Wo bin ich? Die Schlange ist tot? Ich habe sie doch gar nicht getötet?"
Papageno:	*(kommt und pfeift auf seiner Panflöte)*
Tamino:	„Wer bist du?"

Prinz Tamino

Papageno

Lied: Der Vogelfänger bin ich ja

Papageno:	„Wer bin ich? Dumme Frage! Ich bin ein Mensch wie du. Ich fange Vögel für die Königin der Nacht."
Tamino:	„Die Königin der Nacht? Die sternflammende Königin? Du hast sie schon einmal gesehen?"
Papageno:	„Die Königin der Nacht gesehen? Wenn du weiter so alberne Fragen stellst, dann sperre ich dich in meinen Käfig. Ich habe nämlich Riesenkräfte!"
Tamino:	„So, hast du also dieses Ungeheuer getötet?"
Papageno:	„Ungeheuer?" – „Getötet?" *(springt entsetzt auf)*
Tamino:	„Sei nicht so bescheiden. Ich werde dir ewig dankbar sein. Du musst wirklich stark sein, sie ohne Waffen zu bekämpfen."
Papageno:	„Ja, ja, ich war noch nie so stark gewesen wie heute. Ich habe wirklich Riesenkräfte!"

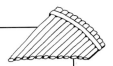

(Donner)

Drei verschiedene Damen erscheinen: „Papageno, du lügst! Wir, die Dienerinnen der Königin der Nacht, haben die Schlange getötet. Als Strafe für deine Lüge bekommst du ein Schloss vor deinen vorlauten Mund!"

(Donner, Schloss vor Papagenos Mund)

(Vorhang zu, Licht aus)

Mozart: „So ein Schwindler! Ganz richtig, dass er ein Schloss vor seinen Mund bekommt. Wenn nur alle Lügner ein Schloss vor den Mund bekämen! Aber Kinder, bei euch ist bestimmt keiner dabei, dem der Mund wegen einer Lüge verschlossen würde."

2. Szene: Wald

(Mit lautem Donner erscheint die Königin der Nacht)

Königin der Nacht: „Fürchte dich nicht, Tamino! Ich bin die Königin der Nacht. Sieh, das ist das Bildnis meiner Tochter Pamina!"

Tamino: *(singt)* **Dies Bildnis ist bezaubernd schön,**
wie noch kein Auge je gesehn.
Ich fühl es, wie dies Götterbild,
mein Herz mit neuer Regung füllt.

Musik

Königin der Nacht: „Höre zu, Tamino! Diese meine wunderschöne Tochter wurde mir von Sarastro, dem König aus dem Reich der Sonne, entführt. Prinz Tamino! Wenn du meine Tochter befreist, bekommst du sie zur Frau. Hier übergebe ich dir eine Flöte, eine Zauberflöte. Und Papageno bekommt dieses Glockenspiel. Beide Instrumente werden bei der Rettung meiner Tochter behilflich sein."

(verschwindet mit Donner)

Papageno: *(will sich verständlich machen)* „Hmhmhm …"

(Donner) (die drei Damen kommen)

Drei Frauen: *(sprechen gemeinsam)* „Papageno? Willst du Tamino helfen und Pamina suchen?"

Papageno: *(nickt)* „Hmhm …"

Drei Frauen: „Papageno? Willst du nie mehr Lügengeschichten erzählen?"

Papageno: *(nickt)* „Hmhm …"

Drei Frauen: „Dann werden wir dich von deinem Schloss befreien!"

Papageno: *(probiert wieder zu sprechen)* „Pa pa pa Papageno …!"

Tamino: *(zu Papageno)* „Komm mit, Papageno! Wir gehen los. Ich werde Pamina finden. Ich werde Pamina heiraten!" *(Sie gehen los, die drei Frauen verschwinden.)*

(Vorhang zu, Licht aus)

Mozart: „Papageno war wie immer ungeduldiger und eilte voraus zum Hofe Sarastros. Dort fand er Pamina."

3. Szene: Wald

Erzähler: Während dort Papageno mit Pamina munter plauderte, setzte sich Tamino in einem Wald nieder, um sich auszuruhen. Er begann auf seiner Flöte zu spielen. Sofort kamen alle Tiere hervor, um zuzuhören. Hörte er auf, so verschwanden sie sogleich. Tamino war sehr beeindruckt von seiner Zauberflöte und sang:

Wie stark ist nicht dein Zauberton,
weil holde, holde Flöte,
durch dein Spielen selbst
wilde Tiere Freude fühlen.

*Königin
der Nacht*

*Drei Frauen
(Dienerinnen
der Königin)*

6
Jahrgangsstufe

Unterrichtssequenzen Kunsterziehung 5/6, © Auer Verlag GmbH, Donauwörth
Als Kopiervorlage freigegeben

Tamino: *(tritt auf) Von allen Seiten stürzen wilde Tiere auf ihn zu. Da greift er zur Zauberflöte und beginnt zu spielen.*
(Melodie erklingt)

(Alle Tiere werden friedlich, legen sich hin und hören ihm zu.)

(Man hört in der Ferne Papagenos Ton.)

Tamino: „Ich höre einen besonderen Ton. Das ist doch Papagenos Panflöte."
(Geht ihn suchen. Vorhang zu, Licht aus)

4. Szene: Sarastros Schloss von außen

Mozart: „Papageno, der sich inzwischen mit Pamina angefreundet hatte, hörte plötzlich Schreie und drängte zum Gehen. Doch es war zu spät. Monostatos, der Diener Sarastros, und seine Helfer kamen und wollten die beiden fesseln."

Papageno: „Komm, Pamina, ich höre Schritte! Wir müssen uns verstecken!"

Mohr und seine Helfer: „Halt, ihr beiden! Ihr entkommt mir nicht!"

Papageno und Pamino: „Hilfe! Hilfe!"

Papageno: „Halt! Ich habe ja mein wundersames Glockenspiel!" *(er beginnt zu spielen)*

Mohr: „Was ist das? Diese wunderschöne Musik? Oh, ich möchte dazu singen und tanzen!"

Lied: Das klinget so herrlich

(Mohr und seine Helfer beginnen zu singen und zu tanzen)

Monostratos,
der Mohr und
Diener Sarastros

Papageno: „Das Glockenspiel hat uns wirklich geholfen."

Pamina: „Komm, Papageno, jetzt suchen wir den Prinzen!"
(ab, Vorhang zu, Licht aus)

Mozart: „Anschließend hat sich noch eine Menge zugetragen mit Sarastro, mit den Priestern im Tempel, mit den drei verschleierten Damen und hauptsächlich mit der Königin der Nacht, z. B. als diese ihrer Tochter einen Dolch gab, damit sollte sie Sarastro töten. Dazu sang die Königin der Nacht ein Lied in sehr, sehr hohen Tönen. Nur wenige Sängerinnen auf der Welt können dieses schwere Lied singen. Man nennt diese hohe Frauenstimme in der Musik Sopran. Hört mal zu, aber erschreckt nicht!"

5. Szene: Palast der Königin der Nacht

(Pamina und Königin der Nacht auf der Bühne)

Pamina: „Nie und nimmer kann ich Sarastro mit diesem Dolch töten."

Königin der Nacht: „Und du wirst es tun auf meinen Befehl!
Der Hölle Rache kocht in meinem Herzen.
Tod und Verzweiflung flammet umher.
Sarastro muss erblassen!"

Musik Königin der Nacht: Der Hölle Rache kocht in meinem Herzen …

(Nach dem Lied: Königin der Nacht verschwindet mit Donner)

Pamina: „Was soll ich nur tun? Ich muss mit Sarastro sprechen!"

6. Szene: Sarastros Schloss von innen

Sarastro: *(tritt hervor)* „Ich habe gehört, welchen bösen Plan du für deine Mutter ausführen sollst!"

Pamina: „Edler Herr! Ich bitte von Herzen meine Mutter zu verschonen."

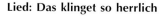

Pamina,
Tochter der
Königin

Sarastro:	„Pamina, ich werde keine Rache an ihr nehmen."

**In diesen heil'gen Hallen
kennt man die Rache nicht
und ist ein Mensch gefallen
führt Liebe ihn zur Pflicht.
Dann wandelt er an Freundes Hand
vergnügt und froh ins bess're Land.**

Musik

Lied: In diesen heil'gen Hallen kennt man die Rache nicht …

(Vorhang zu, Licht aus)

Mozart:	„Na, Kinder, das war aber eine tiefe Stimme, die Sarastro von sich gab! Man nennt diese tiefe Männerstimme Bass. Passt auf, was noch alles geschah!"

Sarastro, Herrscher über Licht und Tag

7. Szene: Bühnenbild nur schwarz

(Pamina und Papageno allein auf der Bühne)

Alte Frau, zukünftige Frau des Papageno

Papageno:	„Pamina, ich wünsche mir so inniglich ein Weibchen. Und ganz viele Kinder möchte ich haben, erst einen kleinen Papageno, dann eine kleine Papagena und dann wieder einen Papageno und dann eine Papagena und wieder einen Pap …"
Pamina:	„Hör auf, ich glaube das reicht! Aber erst brauchst du eine Frau."
Papageno:	„Ich probier's mit meinem Zauberglöckchen." *(spielt Glockenspiel)* *(Sofort erscheint eine alte hässliche Frau)* *(Nebel)*
Alte Frau:	*(krächzt)* „Da bin ich, mein Engel! Papagena steht vor dir."
Papageno:	„Heiliger Strohsack!"
Alte Frau:	„Willst du mir deine Hand geben und mir versprechen ewig treu zu sein?"
Papageno:	„Nicht so hastig! So etwas will gut überlegt sein. Sag mal, wie alt bist du?"
Alt Frau:	„Achtzehn Jahr und zwei Minuten."
Papageno:	„Hast du denn auch einen jungen Freund?"
Alte Frau:	„Na klar, er heißt Papageno. Nun, mein Engel, willst du mein Mann werden? Sag ja, sonst musst du für immer alleine bleiben."
Papageno:	*(leise zu sich)* „Dann sage ich halt ja, bis ich eine Schönere finde." *laut:* „Jaaa."
	(Nebel. Sofort steht eine hübsche Papagena vor ihm und sie tanzen vor Freude.)

Musik: Pa pa pa

(Licht aus, Vorhang zu)

Mozart:	„Tamino und Pamina mussten noch viele Prüfungen bestehen. Aber die Zauberflöte half ihnen, dass sie am Ende zusammenkamen. Ende gut, alles gut … Papageno bekam seine Papagena, Tamino seine Pamina, alle Bösen verschwanden auf Nimmerwiedersehen. Alle feierten in Sarastros Palast ein großes Fest und tanzten und sangen. Viel Spaß bei diesem Fest. Auf Wiedersehen sagt euch euer Wolfgang Amadeus Johannes Chrisostomus Theophilis Mozart."

Musik: Alle singen und tanzen

*** Ende ***

Unterrichtssequenzen Kunsterziehung 5/6, © Auer Verlag GmbH, Donauwörth
Als Kopiervorlage freigegeben

Mozarts Alphabet

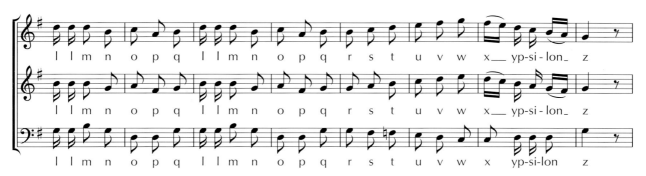

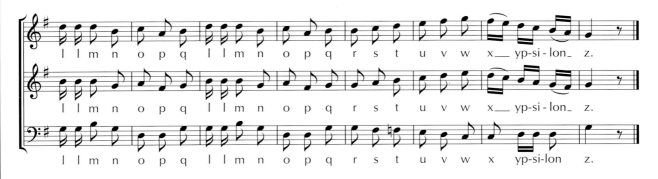

3. Bürger- und Handwerkshäuser – ein Projekt (Architektur/Mosaik/Malerei/Metallbearbeitung)

Lernziel: Vergleichen und Darstellen – Wohnformen in aller Welt

Vorbemerkungen

Die Auseinandersetzung mit der historischen und modernen Architektur im Heimatraum hat eine wichtige Bedeutung im Kunstunterricht. Gerade die Architektur ist der Bereich der bildenden Kunst, dem alle Menschen begegnen, ob sie sich aktiv damit beschäftigen oder nicht, was bei Bildern oder Skulpturen in Museen nicht unbedingt der Fall ist. Spätestens beim Bauen oder Renovieren eines Hauses oder bei der Wohnungssuche wird das Thema für die meisten Menschen relevant.

Architektur beeinflusst unbewusst oder bewusst das Lebensgefühl, kann Wohlbefinden hervorrufen oder sogar krank machen.

Für das hier vorgestellte Projekt wurden Bürger- und Handwerkshäuser in der Augsburger Altstadt ausgewählt. Es lässt sich jedoch ohne Weiteres auch auf andere Städte übertragen. Der praktische Teil dieser Sequenz ist **ortsunabhängig** beschrieben, die Erkundungsbögen müssen der jeweiligen Umgebung angepasst werden.

Projektplanung

1. Stadtrundgang mit Arbeitsbögen
2. Auswertung der Ergebnisse; Gestalten von Plakaten mit Fotos
3. Praktisch-künstlerische Arbeit

Ziele

- Orientierung in der Heimatstadt
- Entwickeln eines Bewusstseins für gut gestaltete Architektur
- Entdecken von schönen Details: Haustüren, Malerei, Firmenschilder aus Schmiedeeisen, Giebelformen, Dachbekrönungen wie Wetterhähne, Mosaiken, Hausmadonnen u. v. m.
- Umsetzen der Erfahrungen in eigene Gestaltung in diesen Bereichen:
  1. Fassadenmalerei
  2. Mosaik
  3. Metallschilder

Für die praktische Arbeit ist, wenn mit der ganzen Klasse gearbeitet werden soll, ein Betreuungsteam (Lehrer, Eltern, Studenten) notwendig.

In unserem Fall entschieden sich die Schüler für eine der drei Techniken und arbeiteten an einem ganzen Projekttag, an dem sonst kein weiterer Unterricht stattfand, an ihrem Werk.

Der vorausgehende Unterrichtsgang war so konzipiert, dass ihn die mit einem Stadtplan ausgerüsteten Schüler in Gruppen ohne Begleitung gehen und die Arbeitsbögen selbstständig bearbeiten konnten.

Bürger- und Handwerkshäuser in Augsburg
(Stadterkundung, Blatt 1)

Alte Häuser zeigen viele kleine Einzelheiten, die schön und interessant sind und uns etwas erzählen über:

- die Geschichte von Augsburg oder
- die Bewohner eines Hauses oder
- die Geschicklichkeit von Handwerkern.

Löst die Aufgaben auf diesem Bogen, macht Skizzen oder Fotos von Dingen, die euch besonders gefallen!
Start und Ende des Rundgangs: **Elias-Holl-Platz**

1. Hunoldsgraben

An einem Haus mit der Hausnummer ($85 - 9 - 13 - 5 - 6 =$ _____)
findet man:
ein Aushängeschild mit einer __ __ __ __ __
ein schönes Gitter
eine Heiligenfigur in der Nische
und eine Schrifttafel.
Wenn du den Text liest, weißt du, was früher in dem Haus war:

_____

2. Vorderer Lech

In dieser Gasse sind immer noch Werkstätten und ein Laden eines wichtigen Handwerksberufes zu finden. Sie gehören zum Augsburger Handwerkerweg. Es werden Leder, Felle und Pelze verarbeitet.

Wie heißt der Beruf? _____

Zum Trocknen der Felle und Lederstücke brauchten die Häuser besonders hohe Dachböden mit viel Platz. Deshalb haben solche Häuser einen anderen Aufbau. Vom Geißgässchen aus kann man das gut sehen. Suche die Stelle, von der aus dieses Foto gemacht wurde!

Bei Haus Nr. 32 gibt es ein Bild, das etwas über diesen Beruf erzählt. Was erkennst du?

_____

_____

Viele Häuser in der Altstadt zeigen über Bilder, Gitter, Fahnen, Aushängeschilder oder Namenstafeln, wer darin gewohnt oder gearbeitet hat. Im Haus Nr. 23 findest du ein Türgitter mit einem Buchstaben. Zeichne ihn ab!

Bürger- und Handwerkshäuser in Augsburg
(Stadterkundung, Blatt 2)

3. Ecke Mittlerer Lech und Erstes Fabrikgässchen

Wenn du das Haus (siehe Bild) genau betrachtest, findest du ein Zeichen dafür, was dort früher hergestellt und verkauft wurde.

Suche dir die passenden Wörter aus:

l e z e r B , l e m m e S , t s r u W , r e i B , t o r B , n e h c u K

_____

4. Pfladergasse

Suche das Haus Nr. 10!

Auch in diesem Haus wird etwas hergestellt und verkauft. Wie heißt diese Werkstatt?

_____

Was ist auf der Bronzetafel dargestellt?
Zeichne die Gegenstände ab!

5. In der Augsburger Altstadt findest du immer wieder schön verzierte Türen und Tore, wie diese Sterntür. Zeichne oder fotografiere eine andere solche Tür! Wo hast du sie gefunden?

_____

6. Immer wieder findest du **Kanaldeckel** mit dem Wappen der Stadt, der Zirbelnuss. Oft steht auch dabei, welche Eisengießerei die Deckel gemacht hat:

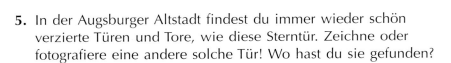

_____

7. Suche den Weg zurück zum **Platz hinter dem Rathaus.** Dort findest du Läden mit schön verzierten Aushängeschildern. Was wird dort verkauft?

_____

Lösungen AB Bürger- und Handwerkshäuser in Augsburg

1. Hausnummer 52
   Aushängeschild mit einer Kanne
   Predigerkloster, Goldschmiede, Weinschenke
2. Gerber
   Auf dem Bild sind Gerber bei der Arbeit am Lechufer (Schiff) dargestellt.
   Hausnummer 23: Buchstabe B
3. Brezel, Semmel, Brot, Wurst, Brei und Kuchen
4. Alte Silberschmiede
   Bronzetafel: Rosenkranz, Kelch, Ringe, Buchstabe
5. Diese Tür ist in der Sterngasse 3. Es gibt jedoch sehr viele andere Beispiele.
6. Passavant
7. Silberwaren, Kunstwerke, Hemden, Speisen und Getränke

Sequenzplanung: Fassadenmalerei

Vorbereitende Überlegungen

- Welche Wand wird bemalt? Sind Vorbereitungen wie Verkitten unebener Stellen nötig? Muss grundiert werden?
- Welche Farben/Farbtöne können verwendet werden? (Dispersionsfarben o. Ä.)
- Ist bei sehr unebenen oder schlecht zugänglichen Flächen ein Trägermaterial notwendig, z. B. Platten aus dem Baustoffhandel, das nach dem Malen an die Fassade geschraubt wird?

Motivieren/Hinführen

Ortsbesichtigung: Entwickeln von Motivideen, die zum Gebäude oder dessen Umgebung passen, z. B.
- Sport (Basketballspieler, Inline-Skater, …)
- Kinder aus aller Welt
- bunte Buchstaben/Zahlen
- Malen, wie ein berühmter Künstler
- Tiere

1. Erarbeitungs-/Gestaltungsphase

Erste Entwürfe entstehen

Reflektieren

Besprechen und Bewerten der Ergebnisse

2. Erarbeitungs-/Gestaltungsphase

- Festlegen des Rahmenthemas
- Weitere, detailliertere Entwürfe anfertigen
- Anordnung an der Pinnwand
- Bildteile ausschneiden und evtl. in Partner-/Gruppenarbeit zu einer Collage zusammensetzen

Das Endprodukt der Entwurfsplanung wird als Umrisszeichnung auf Folie gezeichnet oder kopiert.

3. Gestaltungsphase

- Entwurf mit OHP und Folie auf die vorbereitete, weiß grundierte Wand projizieren
- Linien mit weichem Bleistift nachzeichnen
- Malen mit Farben
- Korrekturen: Entsprechende Stellen weiß übermalen, trocknen lassen und ausbessern

Hier empfiehlt sich die Zusammenarbeit mit dem Werklehrer/der Werklehrerin, da sowohl bei der Planung als auch bei der Durchführung spezielles Fachwissen erforderlich ist.

Motivieren/Hinführen

Fotos von Firmenschildern aus Metall zeigen, z. B. vorliegendes Beispiel:

Erarbeiten

- Sammeln von Ideen für ein Signet, das am Schulhaus angebracht werden kann
- Erste Skizzen
- Grundlagen der Metallblechverarbeitung besprechen

Gestalten

- Zeichnen der Entwürfe auf Skizzen- oder Tonpapier
- Signets wie Scherenschnitte ausschneiden und mit OHP-Projektion in Originalgröße bringen
- Entwürfe auf Metallblech übertragen und „ausschneiden"
- Metallteile entgraten
- Bohrlöcher festlegen und bohren
- Mit Lack(spray) farbig gestalten
- Am Schulhaus anbringen

Vorbemerkung

> **Mosaik** = ist eine Gattung der Malerei. Das Wort „musauik" bedeutet im Arabischen so viel wie geschmückt. Mosaike setzen sich aus Flusskiesel, zurechtgestutztem Naturstein, so genannten Tesserae aus Tonstiften, Keramikplättchen, Steinchen oder farbigem Glas (= Smalten) zusammen, die dicht gefügt in den feuchten Mörtel gedrückt werden.
>
> M. gab es schon in der frühen orientalischen Kunst, z.B. Mesopotamien. Im Altertum dienten M. vor allem als Fußbodenschmuck, seit dem Frühmittelalter dagegen als Schmuck der Wände, Gewölbe und Kuppelschalen von Kirchen. Zum Höhepunkt gelangte die Mosaikkunst in der byzantinischen oder byzantinisch beeinflussten Ausstattung von Kirchen mit goldgrundigen Mosaiken.

Mosaik, Schülerarbeit **(Farbtafel 19, S. 115)**

Material (Farbtafeln 16 + 17, S. 114)

- Styrodurplatten vom Fliesenfachgeschäft als Trägermaterial;
  Auf diesen Platten wird das Mosaik fertig gestellt und kann später an die Wand gedübelt werden. Die mit einer Zementschicht überzogenen Styrodurplatten sind leicht, aber trotzdem stabil und können gut mit einem Cutter zurechtgeschnitten werden;
- Flusskiesel, farbige Geschirr- und Glasscherben, Fliesen, Murmeln, Naturstein, Mosaiksteine, Spiegelscherben
- Fliesenkleber, Spachtel, alte Plastikschüsseln
- (meist) graue Fugenmasse (von „Fugenbreit") für den Außenbereich
- Schwamm zum Verfugen
- Baumwolllappen
- Beißzangen, Hämmer
- Schutzbrillen
- Heftpflaster

Motivieren/Hinführen

Betrachten von Mosaiken im Heimatraum und auf Reproduktionen

Material beschaffen

- Steine sammeln
- nach bunten (Muster-)Fliesen im Fachhandel fragen
- Glas- und Keramikscherben
- beim Steinmetz nach Naturstein-Abfall fragen

Material nach Farben und Beschaffenheit sortieren

in flachen Schachteln aufbewahren

Erarbeiten

- Skizzen für Mosaik anfertigen
- klare, prägnante Formen bevorzugen
- abstrakte Gestaltung, z. B. konzentrische Kreise und andere geometrische Formen bieten sich an

Gestalten (Farbtafeln 18 + 19, S. 115)

1. Mosaik legen

- Entwurf in groben Zügen auf die Entwurfplatte übertragen
- Materialien wie Fliesen mit dem Hammer oder der Beißzange zerkleinern
- dabei unbedingt Schutzbrille tragen
- Mosaik 1:1 am Boden oder auf einer Platte in der Originalgröße legen
- So kann immer wieder verändert und korrigiert werden.

2. Mosaiksteine festkleben

- Fliesenkleber mit Spachtel auf Styrodurplatte aufbringen
- Am besten immer nur kleinere Mengen für einen Abschnitt des Gesamtbildes anrühren und auftragen, da die Verarbeitungszeit auf 30 Minuten begrenzt ist.
- Alle Steinchen einzeln auf die mit Fliesenkleber bestrichene Platte legen und leicht andrücken.
- Unterschiedliche Höhen der Materialien müssen nicht ausgeglichen werden; sie wirken in der Gesamtkomposition abwechslungsreich.
- Fliesenkleber gemäß der Verarbeitungsanleitung gut durchtrocknen lassen

3. Mosaik verfugen

- Fugenmasse („Fugenbreit") für Außenbereich anrühren und abschnittweise auf das Mosaik geben
- mit Spachtel verteilen
- die Masse mit einem Schwamm in die Vertiefungen drücken und überschüssiges Material entfernen
- das Mosaik nach dem ersten Antrocknen mit einem Baumwolllappen säubern
- dabei auf scharfe Kanten achten

Tipps

- Je abwechslungsreicher das Material nach Farbe und Struktur ist, umso interessanter wird das Bild.
- Bei porösem Naturstein sollte man unter Umständen ganz auf das Verfugen verzichten, da die Fugenmasse nicht mehr weggeputzt werden kann; in diesem Fall mehr Fliesenkleber verwenden.
- Die Fugenbreite ist bei dieser Art von Mosaik sehr unterschiedlich, sollte aber nicht mehr als 1–2 cm betragen.

4. Wohnformen in aller Welt – ein Exkurs (Architektur/Malerei)

Lernziel: Vergleichen und Darstellen – Wohnformen in aller Welt

Vorbemerkungen

So verschieden die Menschen sind, so vielfältig ist die Art der Behausungen, die sie hervorgebracht haben. Sie haben jedoch bei aller Unterschiedlichkeit immer die Funktion, ihre Bewohner und deren Hab und Gut vor Witterungseinflüssen und Angriffen von Menschen wie Tieren zu schützen. Wird in den Häusern auch gearbeitet, so wirkt sich das auf den Gebäudetyp aus: z. B. Bauernhaus, Mühle, Schreinerei, Gerberei usw. Von zentraler Bedeutung ist das vor Ort zur Verfügung stehende Baumaterial, das aufgrund seiner Eigenschaften den Haustyp entscheidend mitprägt, z. B. Holz, Lehm, Stein, Blätter, Stroh, Schnee usw.

Höhlen, Hütten, Burgen und Schlösser üben auf Kinder eine große Faszination aus, vielleicht, weil jeder Mensch ein Grundbedürfnis nach Schutz hat, den ein Haus unzweifelhaft bietet. Alte Gemäuer sind für Kinder aber auch sichtbare Zeichen der Vergangenheit, die man sich sonst so schlecht vorstellen kann und die mit romantischen, märchenhaften Vorstellungen verbunden sind.

Zahlreiche Kinder- und Jugendbücher sowie Lexika zeigen den Facettenreichtum an Wohnformen in aller Welt, von der Vergangenheit bis in die Gegenwart. Es bietet sich bei diesem Thema also an, diesen Reichtum an Veröffentlichungen zu nutzen, zu denen Jugendliche einen Zugang haben. Bei einem gemeinsamen Bibliotheksbesuch kann Material für diese Unterrichtssequenz gesammelt werden.

Sequenzplanung

Motivieren/Hinführen

Bilder von verschiedenen interessanten Bauten

Erarbeiten/Planen

1. TZ: Kennenlernen der Lehrplanziele

Im Klassengespräch werden die Lehrplanziele diskutiert und die weitere Vorgehensweise geplant.
- Sammeln und Präsentieren von Abbildungen ortstypischer Bauten und Behausungen fremder Kulturen
- Bauwerke der Moderne
- Anfertigen von Plänen, Reliefs, Collagen, Kopien und Zeichnungen

2. TZ: Materialbeschaffung
- gemeinsamer Bibliotheksbesuch
- Bücher von zu Hause mitbringen
- Internet-Recherche

Materialauswertung

Für die Auswertung der Materialien sind Leitfragen/Arbeitsaufträge notwendig, die je nach Situation weiter ergänzt werden können:

- Beschreibe, wo sich dieses Gebäude befindet!
- Erkläre, aus welchen Materialien es gebaut wurde!
- Finde heraus, zu welchem Zweck dieses Gebäude dient!

- Finde, falls möglich, etwas über den Erbauer heraus!
- Erkläre anhand einer Zeichnung/eines Modells die Besonderheiten dieses Bauwerkes!
- Suche bei deinem Gebäude eine Besonderheit, die dich besonders interessiert oder beeindruckt!
- In vielen Gegenden Bayerns haben alte Häuser Namen, die etwas über seine Lage oder frühere Besitzer aussagen, z. B. Ziegler. Gib deinem Haus einen passenden Namen!

Präsentieren der Ergebnisse

- Gestalten einer kleinen Ausstellung
- Kurzreferate zu den Ausstellungsobjekten mit Hilfe der Leitfragen

Luftschlösser und Traumhäuser

Entwickeln und Gestalten eines Fantasiegebäudes nach eigenen Ideen und Wünschen

Motivieren/Hinführen

Siehe vorausgegangene Arbeiten

Erarbeiten

1. TZ: Materialbeschaffung

- Papier, Karton
- Holzreste, Astholz, Korken
- Pappröhren, Plastikbecher
- Moos, Zweige, Steine und andere Naturmaterialien
- Modellbauzubehör
- Heißklebepistole und -patronen
- Kleister und andere Klebstoffe
- Dispersionsfarben und Pinsel
  usw.

Gestalten der Luftschlösser und Traumhäuser

Einzel- oder Partnerarbeit

Präsentieren der Arbeitsergebnisse

Schüler, die mit ihren Arbeiten bereits fertig sind, gestalten zusammen mit dem Lehrer eine Ausstellungsfläche für die Architekturmodelle. Dazu werden verschieden hohe Tische zusammengestellt und mit farbigen Stoffen abgedeckt, um eine Art Ausstellungslandschaft zu schaffen. Wichtig ist, die Ausstellungsstücke in verschiedenen Höhen zu präsentieren, damit jedes Stück gut wahrgenommen werden kann.

Zum Abschluss werden die Architekturmodelle in der Klasse vorgestellt.

Falls möglich, könnte ein Architekt zur Präsentation der Ergebnisse eingeladen werden, dem die Schüler ihre Vorstellungen von Traumhäusern darstellen, dem sie aber auch Fragen zu seinem Arbeitsalltag stellen können.

Literatur

Klaus Reichold, Bernhard Graf: Bauwerke die die Welt bewegten. Prestel Verlag, München 1999.
M. Courtney-Clarke: Ndebele Die Kunst der Frauen Südafrikas. Frederking & Thaler, München 1995.
Art Boericke, Handmade Houses. Dieter Fricke GmbH, Frankfurt 1977.
Achim Bode u. a.: Wo wir wohnen. Prestel Verlag, München 1999.

Außergewöhnliche Wohnformen in aller Welt

Antike:

1. Petra *(Farbtafel 20, S. 116)*

Das griechische Wort Petra bedeutet Felsen oder Felsenstadt. Sie ist eine Ruinenstätte in der Schlucht des Wadi Musa im Südwesten des heutigen Jordaniens, die in der Antike zwischen dem 4. und 2. Jahrhundert vor Christus die Hauptstadt des arabischen Nabatäerreiches und wichtiges Zentrum des Karawanenhandels von Südarabien nach Syrien war. Die Stadt wurde aus dem Felsen geschlagen. Zeitweise lebten bis zu 30 000 Menschen in Höhlenwohnungen. Es gab gepflasterte Straßen, ein Theater, Geschäfte, drei Marktplätze, Paläste, in Stufen angelegte Gärten und ein ausgeklügeltes Kanalsystem.

Afrikanischer Kulturkreis:

2. Ndebele: Häuser *(Farbtafel 21, S. 116)*

Über Generationen hinweg haben Frauen des Ndebele-Stammes in Südafrika eine reiche, lebendige Kultur hervorgebracht. Mit Perlenschmuck und großflächigen, farbkräftigen Malereien schmücken sie ihre Häuser außen und innen. Der Perlenschmuck und die Kleidung der Frauen passen in Farben und Formen zu den bemalten Häusern. Diese eigentümliche Formenwelt fasziniert durch ihre Einfachheit, Farbenpracht und ihre abstrakten dynamischen Muster.

Asiatischer Kulturkreis:

3. Seenomaden in Indonesien *(Farbtafel 26, S. 119)*

Zeitweilig leben die Seenomaden vom Clan der Bajan in Pfahlbauhütten im Ozean. Meist ist jedoch ein Schiff mit wenigen Quadratmetern Wohnfläche ihr Zuhause. Ihr Leben ist bestimmt vom Fischfang. Einen Teil des Fangs tauschen sie bei Händlern unterwegs auf See gegen Reis, Kleidung und Haushaltsgegenstände ein. Begegnen sich mehrere Wohnboote, unterbrechen die Familien für ein paar Stunden ihre Fahrt: ein Badefest für die Kinder und für die Erwachsenen geben Gelegenheit zum Plaudern.

Australien:

4. Baumhaus der Korowai *(Farbtafel 25, S. 118)*

Die Korowai, ein Stamm im dichten Blätterschungel von Papua Neuguinea, errichten ihre Häuser oben in den Baumkronen. Als Baumaterialien benutzen sie Holzstangen und Palmwedel, der Fußboden besteht aus Baumrinde. Es werden keine Nägel, sondern nur Lianen zum Zusammenfügen benutzt.

Amerikanischer Kulturkreis:

5. Wolkenkratzer in New York City, Skyline von Manhattan *(Farbtafel 27, S. 119)*

Ein Stadtteil von New York City ist Manhattan, das nahezu schachbrettartig angelegt worden ist. Die von Osten nach Westen verlaufenden Streets sind nummeriert, ebenso verhält es sich mit den von Norden nach Süden verlaufenden Avenues. Die wichtigsten Finanz-, Mode-, Geschäfts- sowie Wohngebäude befinden sich in Downtown; die Fifth- und die Parkavenue sowie der Broadway als kulturelles Zentrum sind die bekanntesten Straßen Manhattans. Zu den berühmtesten Gebäuden, die die Skyline Manhattans beherrschen, gehören das Chrysler Building (1930), das Citicorp Center (1977) oder das Empire State Building (1930). Das 1977 fertig gestellte World Trade Center mit den Twintowers als dominierendes Symbol amerikanischer Finanzkraft, Stärke und Freiheit, 410 Meter hoch, wurde am 11. September 2001 durch einen Anschlag der Jihad-Terroristen um Osama Bin Laden zerstört.

6. Handmade Houses in Kalifornien/USA *(Farbtafel 28, S. 120)*

Die Handmade Houses entstanden in den siebziger Jahren als eine alternative Wohnidee zum herkömmlichen Wohnen. Die Wohnungen sollten billig und zweckmäßig sein. Ganz bewusst wollte man sich vom gewohnten Lebensstandard abkehren. Die eigenen handwerklichen Fähigkeiten anzuwenden, um sich selbst zu versorgen und etwas eigenes Bewusstes zu schaffen, war das Ziel dieser Wohnkultur. Schlichte Zufriedenheit sollte der Bewohner dieser Häuser empfinden.

Mittelalter/Renaissance:

7. Venedig – eine Stadt auf Pfählen *(Farbtafel 23, S. 117)*

Die Stadt Venedig liegt in einer Lagune zwischen den Mündungen von Po und Piave, am nördlichen Ende des Adriatischen Meeres. Sie erstreckt sich auf etwa 150 Inseln, die von insgesamt 177 Kanälen durchzogen werden. Venedig ist über eine Straßen- und eine Eisenbahnbrücke mit dem Festland verbunden, wo die Vorstädte Marghera und Mestre liegen. Lange Nehrungen und Sandbänke trennen die Stadt vom offenen Meer. Rund 400 Brücken verbinden die zahlreichen Inseln Venedigs untereinander. Cirka 20 000 Häuser stehen auf einem Fundament aus Eichen- und Lärchenpfählen, die bis zu 20 Meter lang sind. Der etwa drei Kilometer lange Canale Grande trennt Venedig in zwei fast gleich große Teile. Pkws sind in den engen verschlungenen Gassen nicht erlaubt. Wichtigstes Verkehrsmittel waren jahrhundertelang die Gondeln, flache Boote, die mit einem Ruder angeschoben werden. Heute wird fast der gesamte Fracht- und Personenverkehr Venedigs mit Motorbooten abgewickelt. Die Gondeln sind ein wichtiger Touristenmagnet. Überschwemmungen, die Landabsenkung, fehlende Arbeitsplätze sowie die Luft- und Wasserverschmutzung sorgen für handfeste Probleme und stellen die Zukunft der Stadt in Frage.

Gegenwart:

8. „Fallingwater" (Das Haus auf dem Wasserfall) von Frank Lloyd Wright, 1936/37 *(Farbtafel 29, S. 120)*

„Fallingwater" ist das berühmte Wochenenddomizil der Familie Kaufmann, das der berühmte Architekt Frank Lloyd Wright in Westpennsylvania/USA auf dem Wasserfall des Flüsschens Bear Run in beeindruckender Ästhetik erbaute. Wright gelang mit seiner Idee architekturhistorisch ein großer Wurf: Wright hatte die Familie davon überzeugt, dass es besser sei, das Haus nicht mit Blick auf den Wasserfall zu bauen, sondern direkt darüber. Den Fluss lediglich anzuschauen, zeuge von Distanz – ihn hingegen zu hören, sei dagegen eine unmittelbare Erfahrung. Wright konzipierte drei Ebenen, die natürliche Felsvorsprünge nachahmen. Die Steine auf einem der Felsvorsprünge bilden jetzt den Fußboden des Wohnzimmers; die ursprünglichen Felsblöcke des Wasserfalls flankieren den Kamin. Die lange Treppe, die die Ebenen miteinander verbindet, greift die Form der Kaskade auf und verbindet das Wohnzimmer mit dem Bach. Kunsthistoriker loben heute „Fallingwater" als bahnbrechendes Experiment der „organischen Natur".

9. Eishotel in Norwegen *(Farbtafel 24, S. 118)*

Dieses vermutlich größte Iglu der Welt, ein Hotel aus Eis, wird jedes Jahr neu gebaut. Das „Ice-Hotel" in Norwegen wird jedes Jahr neu aus 10 000 t Schnee und 350 t Eis innerhalb von fünf Wochen von darauf spezialisierten Künstlern und Handwerkern geschaffen. Die Gäste betreten das Eishotel durch eine Halle, in der ein Kandelaber aus Eis und schimmernde, teilweise transparente Eiswände zu bewundern sind. Sie können die Nacht in einer Art Iglu auf einem Eisbett, das mit Rentierfellen bedeckt ist, im Schlafsack verbringen. Die Innentemperatur im „Schlafzimmer" beträgt dabei –5° C. Außerhalb des Hotels kann es bis zu –40° C kalt werden. Solche Hotels gibt es auch in Schweden, Kanada und Finnland.

Zukunftsvisionen: die vertikale Stadt

10. Millennium Tower, Entwurf, 1992, Tokio/Japan, Architekt: Sir Norman Foster *(Farbtafel 22, S. 117)*

Der Millennium Tower wurde von Stararchitekt Norman Foster für die Bucht von Tokio geplant. Sollte er realisiert werden, würde er 840 Meter in den Himmel ragen, 50 000 Menschen könnten auf seiner Nutzfläche in 170 Stockwerken wohnen und arbeiten. Mit seinen 170 Stockwerken wäre er eine Stadt für sich mit eigenen Schulen, Bibliotheken, Sporthallen, Theatern, Krankenhäusern, Polizeiwachen und Feuerwehrstationen. Der Millennium Tower ist erdbebensicher konzipiert und würde auf einer künstlich aufgeschütteten Insel in der Tokioer Bucht stehen.

6 Jahrgangsstufe

5. Zeichnen – eine Lehrstunde *(Grafik)*

Lernziel: Gestaltungsmittel erkunden und anwenden – ausdrucksvoll ins Bild setzen

Vorbemerkungen

> „Linie und Punkt sind die künstlerischen Mittel, mit denen in der Zeichnung gearbeitet wird. Mit ihnen muss es z. B. gelingen, Flächen, Körper und Raum, Licht und Schatten, die Materialität von Stoffen usw. wiederzugeben. Eine Linie kann als Kontur (Umriss) alleine schon Körperhaftigkeit erzeugen. Ein anderes zeichnerisches Mittel, um Körperlichkeit zu erreichen, ist die Schraffur: die Parallelschraffur, die Kreuzschraffur, aber auch das Übereinanderlegen von unregelmäßigen Linien und Strichen, die eine Fläche bilden. Schraffuren können Schattierung bewirken. Weiche Zeichenmittel wie Kreiden und weiche Graphitstifte bzw. Bleistifte erlauben sowohl grafische (lineare) als auch malerische (eher flächige) Wirkung." *(Johannes Eucker [Hrsg.]: Kunstlexikon, Cornelsen Verlag, Berlin 1998, S. 361)*

„Ich möchte Michael Schumacher, der von der Pole Position startet, vor dem ersten Boxenstopp zeichnen. Aber das schaffe ich nicht. Das schaut schrecklich aus." Dieser Satz des 11-jährigen Matthias zeigt das Problem, das Jugendliche in dieser Altersstufe mit dem Zeichnen und Malen haben:

● Das naiv-erzählende Darstellen stellt sie nicht mehr zufrieden, sie orientieren sich an der komplexen Wirklichkeit und wollen „alles", also wie im Beispiel, die ganze Formel 1-Welt in einer Zeichnung zeigen. Dieses jeden Profi fordernde Vorhaben muss von vorneherein scheitern, weil sich der Schüler einfach zu viel auf einmal vorgenommen hat.

● Es fehlt (noch) am „Handwerkszeug", also an geeigneten Zeichentechniken und geschulter Wahrnehmung.

● Daraus entsteht zuweilen Frust, der sich darin zeigt, dass die eigenen „Werke" abgewertet werden. Oft lässt die früher vorhandene Lust an der bildnerischen Darstellung ganz nach.

Um Matthias' Problem zu entschärfen, sollte er, bevor er zeichnerisch gleich in Monza startet, erst einmal einige Übungsrunden drehen, um Material und Technik zu schulen. Entscheidend ist dabei, dass er sich zunächst mit dem richtigen Werkzeug um die Details seines Fahrzeuges kümmert.

In der Sprache des Zeichners heißt das:

– Nimm Bleistifte in verschiedenen Härten!

– Zeichne zuerst interessante Details deines Fahrzeuges, wie Räder, Ferrari-Zeichen, Fahrzeug von der Seite!

– Verwende Bilder aus Zeitungen, sieh sie dir immer wieder genau an und kontrolliere das Ergebnis!

– Achte bei Schwarz-Weiß-Bildvorlagen genau darauf, welche Stellen des Bildes schwarz, weiß oder grau gedruckt sind! Verwende möglichst viele unterschiedliche Graustufen!

Trainingsregeln:

1. Verwenden von interessanten neuen Materialien und Techniken, die zu dem jeweiligen bildnerischen Problem passen

2. Reduktion bei der Themenstellung auf bewältigbare zeichnerische Aufgaben

3. Schrittweises Lernen von zeichnerischen Techniken

4. Wissen über die Wirkung zeichnerischer Techniken

Zeichnen

In dieser Sequenz soll mit weichen Bleistiften (7B, 8B) gearbeitet werden, die starke Hell-Dunkel-Kontraste erlauben und gleichzeitig eine breite Palette von Grauabstufungen ermöglichen.

In vorausgehenden Übungen lernen die Schüler dies für ihre späteren Zeichnungen nötige Spektrum an Strukturen und Schattierungen kennen.

Das Thema **„Wir zeichnen Turnschuhe"** (s. Kopiervorlage S. 96) wurde gewählt, weil:

- es zeichnerisch fordernd, aber bewältigbar ist,
- das Design der Schuhe abwechslungsreiche Strukturen vorgibt,
- unterschiedliche Stofflichkeit (Kunststoff, Leder, Textil) Anregungen zum Zeichnen gibt,
- der Hell-Dunkel-Kontrast gut anschaulich gemacht werden kann.

Sequenzplanung

1. Unterrichtseinheit

Motivieren/Hinführen

Tafelbild: Umrisszeichnung eines Turnschuhes ohne Binnenzeichnung

Zielangabe

„Wir zeichnen Turnschuhe"

Erarbeiten

1. TZ: Grafische Strukturen ausprobieren

Schüler zeichnen mit weichen Bleistiften Strukturen und Muster auf ein Skizzenblatt, die an dem unfertigen Tafelbild fehlen.

Nach und nach ergänzen einzelne Schüler die Tafelzeichnung. Es entsteht ein Turnschuh mit unterschiedlichen grafischen Strukturen.

2. TZ: Hell-Dunkel-Kontrast

Ein Folienbild eines Turnschuhes bzw. einer Zeichnung wird unscharf gezeigt.
Der Begriff „Hell-Dunkel-Kontrast" ergibt sich als Ergebnis des Unterrichtsgesprächs darüber.

Gestalten

Genaues Betrachten der Turnschuhe und Skizzieren von unterschiedlichen Strukturen als Vorübung auf das Zeichnen des ganzen Schuhs in der nächsten Unterrichtseinheit

Reflektieren

Betrachten der Ergebnisse der Klasse

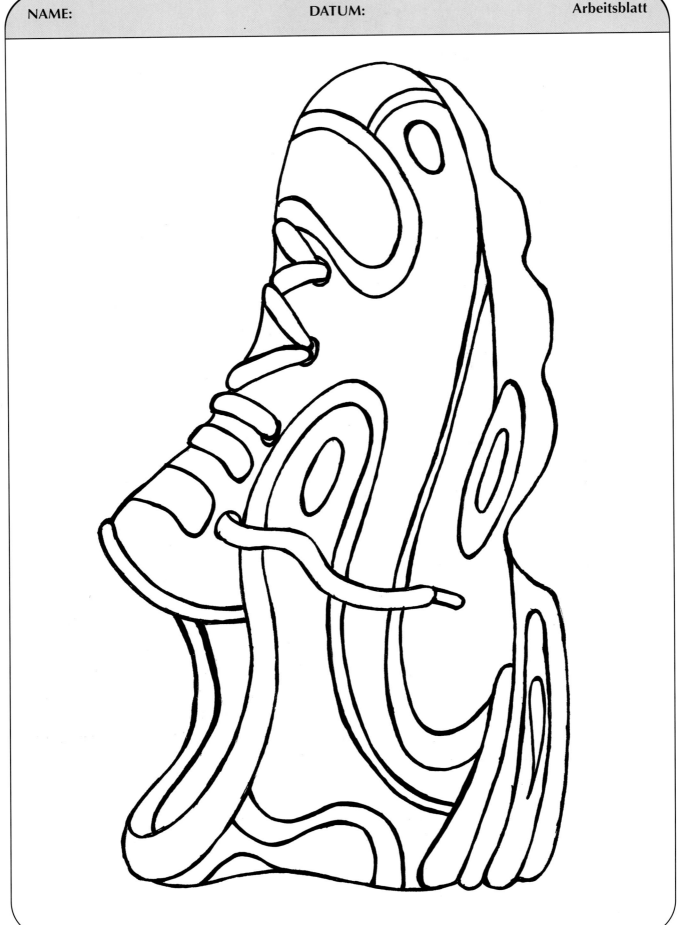

6
Jahrgangs-
stufe

2. Unterrichtseinheit

Motivieren/Hinführen

Betrachten der Ergebnisse der Vorstunde
Praktische Arbeit

Erarbeiten

1. TZ: Zusammenfassen der Ergebnisse der Vorstunde

TA 1. Verwende abwechslungsreiche Strukturen.
2. Achte auf den Hell-Dunkel-Kontrast.

2. TZ: Skizzieren des Turnschuhs

TA zeigt einen kleinen Turnschuh auf einem großen Papierbogen
Ergänzen der Tafelanschrift:

3. Zeichne den Turnschuh möglichst groß.

Gestalten

- Schüler skizzieren Kontur des Sportschuhs

- Erarbeiten die Binnenstruktur;
  dabei bieten ihre eigenen Skizzen Anregungen

Zwischenreflexion

- Betrachten der Zeichnungen aus der Distanz

- Besprechen der weiteren Vorgehensweise

- Würdigung gelungener Ergebnisse

- Hilfestellung bei Problemen

Präsentieren der Arbeitsergebnisse

Literatur

Johannes Eucker (Hrsg.): Kunst Lexikon, Cornelsen Verlag, Berlin 1998.

6
Jahrgangs-
stufe

Kontrast

Hell | Dunkel

Dunkel

Hell

6
Jahrgangs-
stufe

Unterrichtssequenzen Kunsterziehung 5/6, © Auer Verlag GmbH, Donauwörth
Als Kopiervorlage freigegeben

Kontrast

Hell **Dunkel**

Dunkel

Hell

Linien	Flächen	Punkte	Struktur (Stoff)	Struktur (Leder)	Struktur (Kreise)	Struktur

6
Jahrgangs-stufe

6. Bild und Museum *(Malerei/Kunstbetrachtung)*

Lernziel: Gestaltung erkennen und anwenden – ausdrucksvoll ins Bild setzen

Vorbemerkungen

Für die folgende Sequenz sollten Bilder ausgewählt werden, die nach Möglichkeit im Original zu besichtigen sind. Die Schüler lernen die Kunstwerke zunächst im Unterricht als Reproduktion kennen. Anschließend setzen sie ihre Erfahrungen in eigene Bilder um. Zum Abschluss der Unterrichtseinheit besuchen sie das Museum, die Galerie oder sogar das Atelier, um die Werke im Original anzusehen.

Material

Großformatige Papiere (z. B. Packpapier), Gouache- oder Dispersionsfarben in den Grundfarben sowie Schwarz und Weiß, verschiedene Pinselarten und -stärken, Teller als Paletten, Wassergefäße, Heißluftfön zum schnellen Trocknen, Papier oder Folie zum Abdecken der Arbeitsflächen, Kunstpostkarten, Kunstdrucke, Bildbände, Farbfolien, Farbkarten (Farbmuster aus dem Malergeschäft)

Sequenzplanung

1. Unterrichtseinheit

Motivieren/Hinführen

Unterschiedliche Kunstdrucke hängen an der Tafel, Schülergruppen suchen sich ein Bild aus

Erarbeiten

1. TZ: Farbe

Jede Gruppe erhält Farbkärtchen mit der Aufgabe, die zu in ihrem Bild vorkommenden Farben auszusuchen. Danach werden die Kunstdrucke wieder an die Tafel geheftet. Wenn alle Gruppen fertig sind, werden die Arbeitsplätze getauscht. Die neue Aufgabe lautet: Sucht das zu den Farbkärtchen passende Bild!

2. TZ: Bilderrätsel

Eine Schülergruppe einigt sich auf das zu erratende Bild. Die übrigen Schüler stellen Fragen zu den Bildern, die mit Ja oder Nein beantwortet werden können; z. B.: Herrschen in diesem Bild Grüntöne vor? Verwendet der Künstler abstrakte Formen? Ziel der Übung ist das genaue Betrachten der Bilder.

Gestalten

Die Schüler suchen sich in Partnerarbeit zwei oder drei Kunstdrucke aus. Sie sollen dadurch angeregt werden, neue Bilder zu gestalten. Dabei ist das Kopieren von Bildteilen erlaubt und erwünscht.

2. und weitere Unterrichtseinheiten

Motivieren/Hinführen

Gemeinsames Betrachten der in Arbeit befindenden Bilder

Gestalten

Lehrer steht als Berater bei bildnerischen Problemen zur Verfügung, z. B. Mischen von Farben usw.

Präsentieren

Die signierten und betitelten Werke werden zusammen mit den Kunstdrucken, die als Anregung dienten, präsentiert.

Besuch des Museums

Die Schüler suchen ihre Originale im Museum. Sie wählen dort ein weiteres Werk aus, das sie skizzieren. Diese Skizzen ergänzen die Ausstellung in der Schule.

Farbtafel 5: *Niki de Sainte-Phalle: „I bring to life"*, ©VG Bild-Kunst, Bonn 2001

Farbtafel 4: *Schülerarbeit*

FARBEN MISCHEN (s. S. 42)

(Kopiervorlage auf Folie kopieren)

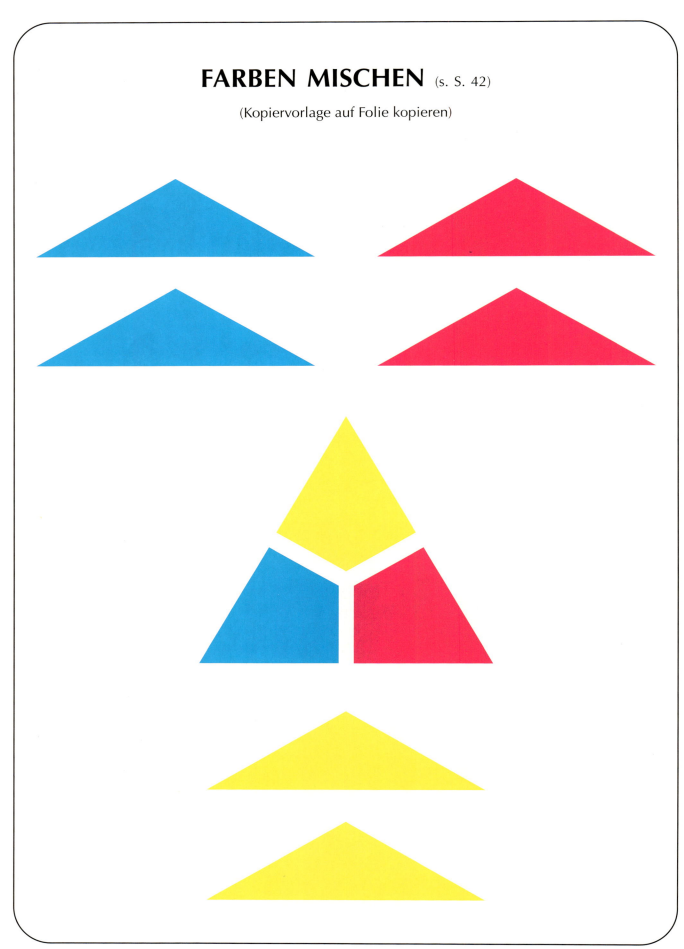

Farbtafel 6: *Folien-Kopiervorlage zum Thema „Farben erforschen"*

Unterrichtssequenzen Kunsterziehung 5/6, © Auer Verlag GmbH, Donauwörth
Als Kopiervorlage freigegeben

malen zu können, aber er hatte keinen Pinsel.
So blieb ihm nichts anderes übrig, als mit
Stiften zu zeichnen. Weil er auch kein Papier
hatte, nahm er schöne flache Steine, die er
am Wege fand, und jeden Abend zeichnete er
Bilder von Blumen, Bäumen und Tieren.
„Was für wunderschöne Bilder, sie sehen so
lebendig aus", sagte jeder und alle lobten ihn.
Eines Nachts hatte er einen seltsamen Traum:
Ein alter Mann mit weißen Haaren betrat seine
Schlafkammer und legte einen schönen Pinsel
auf sein Bett. „Weil du dir so sehr einen Pinsel
wünschst, sollst du diesen haben", sagte er,
„aber nimm dich in Acht und gebrauche ihn
recht – es ist ein Zauberpinsel!"

Im Kaiserreich von China lebte ein armer
kleiner Junge namens Famfu. Er musste jeden
Tag für fremde Leute hart arbeiten, Botengänge machen, Lasten schleppen, Wasser holen
und hatte doch nur das Nötigste zum Leben.
Er konnte nicht zur Schule gehen, weil er keine
Zeit dazu hatte. Sein größter Wunsch war,

Farbtafel 7: *Vorschlag Illustrationsgestaltung, aus: © „Der Zauberpinsel" von Renate Seelig und Anne Jüssen, Ravensburger Buchverlag 1998 (ISBN 3-473-33282-8)*

Farbtafel 8: Ägyptische Wandmalerei, thronender Osiris mit seiner Gemahlin Isis, Anfang 21. Dynastie, um 1050 v. Chr.

Farbtafel 9: *François Boucher, „Bildnis Marquise de Pompadour", 1756*

Farbtafel 10: *Bartolomé Esteban Murillo, „Die kleine Obsthändlerin", ~ 1665–75, München – Alte Pinakothek*

Unterrichtssequenzen Kunsterziehung 5/6, © Auer Verlag GmbH, Donauwörth
Als Kopiervorlage freigegeben

Farbtafel 11: *Josef Hauber, „Familie Scheichenpflueg", 1811, München – Lenbachhaus*

Farbtafel 12: Hans Holbein d. J., „*Der Kaufmann Georg Gisze*", 1532, Berlin – Staatliches Museum

Farbtafel 13: *Joan Miró, „Umarmung eines Vogels", 1967, Barcelona: Foundacio J. Miró, © Successió Miró, VG Bild-Kunst, Bonn 2001*

Farbtafel 14: *Joan Miró, „Der wunderschöne Vogel enthüllt einem Liebespaar das Unbekannte", 1941, New York –*
Museum of Modern Art, © Successió Miró, VG Bild-Kunst, Bonn 2001

Unterrichtssequenzen Kunsterziehung 5/6, © Auer Verlag GmbH, Donauwörth
Als Kopiervorlage freigegeben

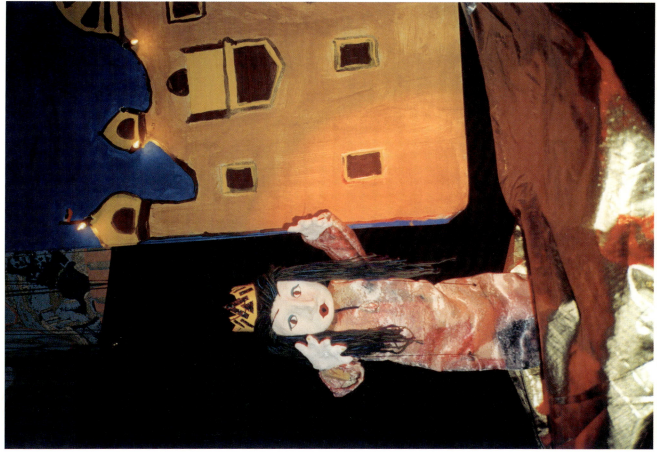

Farbtafel 15a, b: *Marionetten, Schülerarbeiten*

Mosaikherstellung

Farbtafel 16: *Scherben für die Mosaikherstellung*

Farbtafel 17: *Materialien zur Befestigung der Mosaikscherben*

Farbtafel 18: *Positionieren der Scherben*

Farbtafel 19: *Fertiges Mosaik, Schülerarbeit*

Außergewöhnliche Wohnformen in aller Welt

Farbtafel 20: *Petra – Felsenstadt*

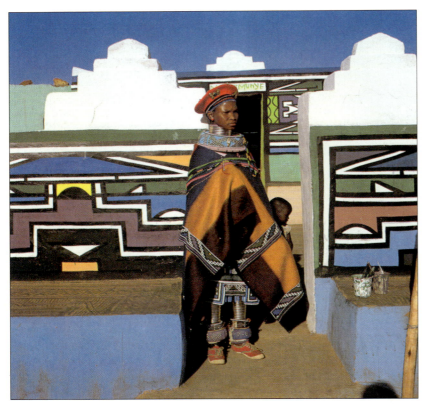

Farbtafel 21: *Haus der Ndebele-Kultur*

Unterrichtssequenzen Kunsterziehung 5/6, © Auer Verlag GmbH, Donauwörth
Als Kopiervorlage freigegeben

Farbtafel 23: Venedig

Farbtafel 22: Millennium-Tower, Entwurf v. 1992, Architekt: Sir Norman Foster

Farbtafel 24: Eishotel in Norwegen

Farbtafel 25: Baumhaus der Korowai

Unterrichtssequenzen Kunsterziehung 5/6, © Auer Verlag GmbH, Donauwörth
Als Kopiervorlage freigegeben

Farbtafel 26: *Seenomaden in Indonesien*

Farbtafel 27: *Skyline von Manhattan, New York City, vor dem 11. September 2001*

Farbtafel 28: *Handmade House, um 1970, USA (Kalifornien)*

Farbtafel 29: *„Fallingwater", Architekt: Frank Lloyd Wright*

Quellennachweis (Abbildungen und Texte)

S. 7 f., 101: Höhle und Höhlenmalerei von Lascaux. Aus: Klaus Reichold/Bernhard Graf, Bilder die die Welt bewegten, Prestel Verlag, S. 8.

S. 34, 38: Illustrationen „Hacivad und Karagöz". Aus: Monika Kühn, Karagöz und Rumpelstilzchen, Türkisches und deutsches Schattentheater, Auer Verlag, Donauwörth 1994, S. 7 (Bestell-Nr. **2256**).

S. 36: Illustration „Wie Eulenspiegel die Meerkatzen buk". Illustriert von Hanni Wohofsky, Oberwaldbach.

S. 40 ff.: „Wie Eulenspiegel Eulen und Meerkatzen buk". Zit. Aus: „Till Eulenspiegel" von Erich Kästner, Zürich 1999.

S. 43: Lied „I can sing a rainbow", © by Mark VII Ltd., Warner/Chappell Music GmbH. Aus: Let's go 2, Unterrichtswerk für Hauptschulen, Ernst Klett Schulbuchverlag, Stuttgart 1995, S. 34.

S. 51/52: Buchcover und Textausschnitt. Aus: Renate Seelig und Anne Jüssen, Der Zauberpinsel, Ravensburger Buchverlag 1998.

S. 55: Lied „I like the flowers", mündlich überliefert. Aus: Unterrichtssequenzen Musik, 5.–10. Jahrgangsstufe, Auer Verlag, Donauwörth, S. 188/189 (Bestell-Nr. **2853**).

S. 56: Textzitat aus „Tistou bekommt seinen ersten Gartenunterricht". Aus: Maurice Druon, Tistou mit den grünen Daumen, dtv, München 1972, S. 31.

S. 60: Arbeitsblatt Linoldruck. Aus: © Kunststücke 4, Lehrerband, Ernst Klett Grundschulbuchverlag GmbH, Leipzig 1995, S. 36.

S. 61: Papyrusherstellung. Aus: Irmgard Schwoshuber, „Stationentraining Ägypten", Auer Verlag, Donauwörth 1999, S. 45 (Bestell-Nr. **2818**).

S. 62: Vorschläge für Metallprägearbeiten. Aus: Irmgard Schwoshuber, „Stationentraining Ägypten", Auer Verlag, Donauwörth 1999, S. 47 (Bestell-Nr. **2818**).

S. 63, 107: Boucher, François: „Bildnis der Marquis de Pompadour", 1756. Aus: Klaus Reichold/Bernhard Graf, Bilder die die Welt bewegten, Prestel Verlag, München 1998.

S. 64, 108: Murillo, Bartolomé Esteban: „Die kleine Obsthändlerin", ca. 1665–75. Aus: Das große Lexikon der Malerei, Zweiburgen Verlag/Westermann Verlag, Braunschweig 1982.

S. 64, 109: Hauber, Josef: „Familie Scheichenpflueg", 1811. Aus: Lenbachhaus München, Prestel Verlag, München 1995.

S. 64, 110: Holbein d. J., Hans: „Der Kaufmann Georg Gisze", 1532. Aus: Das große Lexikon der Malerei, Zweiburgen Verlag/Westermann Verlag, Braunschweig 1982.

S. 68: Calder, Alexander: „Mobilé". Aus: Susanna Partsch, Haus der Kunst, Carl Hanser Verlag, München und Wien 1997. © VG Bild-Kunst, Bonn 2001.

S. 79 ff.: Illustrationen zu „Die Zauberflöte". Aus: Renate Kerner: „Die Zauberflöte", Unterrichtshilfe, Auer Verlag, Donauwörth 2000 (Bestell-Nr. **3176**).

S. 83: Lied „Mozarts Alphabet". Aus einem handschriftlichen Nachlass aus Memmingen. © Archiv für Volksmusik in Schwaben, N 187, Krumbach/Schwaben.

S. 102: Illuminierte Initiale B aus der Wormser Bibel, um 1148. Aus: Donald Jackson, Alphabet – Die Geschichte vom Schreiben, London/Frankfurt a. M. 1981.

S. 103: de Saint-Phalle, Niki: I bring to life. Aus Niki de Saint-Phalle, Bilder – Figuren – Phantastische Gärten, Prestel Verlag, München 1987, © VG Bild-Kunst, Bonn 2001.

S. 106: Ägyptische Wandmalerei, um 1050 v. Chr. Aus: Gisela Gottschalk, Die großen Pharaonen, Weltbild Verlag, Augsburg 1990.

S. 111: Miró, Joan: „Umarmung eines Vogels", 1967. Aus: Walter Erben, Joan Miró, Taschen Verlag, Köln 1998, © Successió Miró, VG Bild-Kunst, Bonn 2001.

S. 112: Miró, Joan: „Der wunderschöne Vogel enthüllt einem Liebespaar das Unbekannte", 1941, New York City, Museum of Modern Art, © Successió Miró, VG Bild-Kunst, Bonn 2001.

S. 116: Haus der Ndebele. Aus: Ndebele – Die Kunst der Frauen Südafrikas, Frederking & Thaler, München 1995.

S. 118: Eishotel in Norwegen und Haus der Korowai. Aus: wo wir wohnen, Prestel Verlag, München 1999.

S. 119: Seenomaden in Indonesien. Aus: Zeitschrift GEO-Special Indonesien, Nr. 2, April 1995.

S. 119: Skyline von Manhattan in New York City. Aus: CD-ROM MEV 01061, © Auer Verlag, Donauwörth.

S. 120: Handmade House. Aus: Handmade Houses, A Guide to the Woodbutcher's Art, The Scrimshaw Press, San Francisco 1975.

Abbildungen: Alle Schülerarbeiten und Fotos von der Autorin sowie Autoren- und Verlagsarchiv.

Für einige Texte und Abbildungen konnte der Urheber nicht ermittelt werden. Der Verlag ist bestrebt, Ergänzungen in einer Nachauflage zu berücksichtigen.

Schnelle Hilfe für die Unterrichtsvorbereitung!

Gertrud Rehm/Ingrid Rehm-Kronenbitter/Marianne Zobel

Unterrichtssequenzen Kunsterziehung

Kreative Konzepte im integrativen Kunstunterricht
der Hauptschule

7.–9. Jahrgangsstufe
176 S., DIN A4, kart.   Best.-Nr. **2958**

Kunsterziehung – problemlos in die Praxis umgesetzt
Die Unterrichtssequenzen zum Wahlpflichtfach Kunsterziehung zeigen in einer vielseitigen Themenauswahl einfache Wege einer kreativen Unterrichtsgestaltung.

Zeichnen, malen, kreativ sein
Die Sequenzen betrachten die fünf Lernbereiche *Bildnerische Praxis, Kunstbetrachtung, Gestaltete Umwelt, Visuelle Medien* und *Darstellendes Spiel* und geben aktive, sofort in die Tat umsetzbare Hilfestellungen. Selbsterkenntnis, Sachkompetenz und Urteilsfähigkeit werden durch das Artikulieren individueller Bedürfnisse und die kreative Auseinandersetzung mit Gesellschaft, Umwelt, Natur und Arbeitswelt gefördert.

Projekte in die Tat umsetzen – kein Problem
Die Lehrkraft erhält Hilfestellung bei der Planung, Durchführung und Bewertung von Unterrichtsprojekten. Inhaltliche und organisatorische Strukturen, offene Unterrichtsformen, Kooperationsmöglichkeiten mit anderen Fächern werden untersucht. In Beispielen für Werkstattunterricht werden Möglichkeiten der Auseinandersetzung mit verschiedenen Techniken vorgeschlagen. Das gesamte Werk enthält nützliche Hinweise und Kontaktadressen, mit denen im Rahmen von Unterrichtsbesuchen, Expertenbefragungen, Erkundungen etc. kooperiert werden kann.

Irene Hönisch

Kunsterziehung leicht gemacht
Zeichnen und Malen

Praktische Ratschläge für Lehrer und Schüler

128 S., kart.   Best.-Nr. **2399**

Zeichnen, malen, skizzieren, drucken und vieles mehr lernen Ihre SchülerInnen spielend leicht mit den Anleitungen und Tipps dieses Buches. Es bietet vielfältige Informationen und Anregungen zu folgenden Schwerpunkten:

- Kunsterziehung als Unterrichtsfach
- Materialien und Verfahren
- Themenstellung
- Kompositionsanalyse
- Erprobte Themen

Zahlreiche farbige Abbildungen von Übungsaufgaben und Schülerarbeiten geben Ihnen wertvolle Impulse für die eigene Unterrichtsvorbereitung.

Mit Fantasie gestalterisch tätig werden!

Marianne Richter
Textilarbeit Werken
1.–6. Jahrgangsstufe
64 S., 80 Farbabb., kart.   Best.-Nr. **2260**

Marianne Richter (Hrsg.)
Textilarbeit Werken –
Fortführung
1.–6. Jahrgangsstufe
64 S., 80 Farbabb., kart.   Best.-Nr. **2758**

Marianne Richter/Brigitte Wintergerst
(Hrsg.)
Werken/Textiles Gestalten
Neue Anregungen für die Grund- und
Hauptschule
72 S., DIN A4, kart.   Best.-Nr. **3493**

Tiere aus Ton und Filz, gewebte Gürteltäschchen, fröhliche Applikationen: Die Autorinnen haben eine erstaunliche Vielzahl von Werkstückvorschlägen für den Unterricht in Grund- und Hauptschule zusammengetragen. Jeder Vorschlag wird ausführlich in Text, Bild und Arbeitsskizzen vorgestellt und regt zum lebendigen, individuellen Gestalten an. Die verschiedenen Arbeitstechniken (Knoten, Seidenmalen, Drucken, Weben, Nähen, Arbeiten mit Papier, Holz und Ton) werden dabei anschaulich vorgestellt. Dem modernen Unterrichtsprinzip des Lernens in fächerübergreifenden Zusammenhängen wird vielfach entsprochen.

Frank und Rita Rabenstein/Karen Stichler/
Luise Vlasak-Heinz
Unterrichtssequenzen
Werken/Textiles Gestalten
Konstruktives Gestalten im integrativen
Unterricht der Hauptschule

5. Jahrgangsstufe
176 S., DIN A4, kart.   Best.-Nr. **2989**

6. Jahrgangsstufe
Ca. 176 S., DIN A4, kart.   Best.-Nr. **2990**

Schülergerechtes Unterrichtsmaterial und anregende Werkstücke, unterrichtserprobte Stundenbeispiele beider Fachrichtungen für neue Ideen und kreativen Freiraum.

Hermann Höhn/Hartmut Seifert/
Jochen Spieß
Werkunterricht konkret
Aktives Werken mit Holz und Kunststoff
Mit Kopiervorlagen
152 S., DIN A4, kart.   Best.-Nr. **2217**

Werkbeispiele mit Übersichten zu den benötigten Materialien, Arbeitstechniken und ungefähren Arbeitszeiten. Mit detaillierten Hinweisen zur selbstständigen Planung des Arbeitsablaufs.

Praxiserprobt und kreativ: Materialien von Auer!